JN025502

社会倫理学講義

稲葉 振一郎［著］

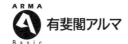

ARMA Basic　有斐閣アルマ

　本書はご覧のように大学教科書のレーベルから刊行されている
とおり，大学学部レベルの倫理学の教科書として使われることを
意図して書かれた。「社会倫理学」の「社会」のことは別に気に
しないでもよろしい。別に普通の倫理学とかけ離れた特別な話を
するわけではない（はずだ）。そこには，社会学部社会学科で開講
された「社会倫理学」の講義がもとになっているから，という以
上に他意はない。40 年近く前，私自身の学部生時代に母校の社
会学部でも「社会倫理学」「社会哲学」という名称の科目があっ
たが，社会学部で開講されているから，という以上の理由がその
名称にあったとは思えない（調べたら，どちらも今でもあった）。

　そう言ってしまうと身もふたもないので，もう少しこの題目に
内実を与える努力をするならば，この教科書は専門的な研究を志
す学部上級生・大学院生というより，まず卒業後は普通にビジネ
スや公務につくであろう学部生の方に照準を合わせている。また
それだけではなく，学部生といっても哲学専攻以外の学生，とり
わけ社会科学系の学生を念頭に置いて書かれている，ということ
になる。つまりは社会問題とか政策実践について学んでいる学生
のための，倫理学ならびに哲学の入門書，とでもいうべきものを
めざしている。「だから『社会』倫理学なのだ」といっても，嘘
をついたことにはならないだろう（それゆえもちろん，「社会」に出
たが，もう一度学び直したい，という方も歓迎する）。とはいえ，いや
だからこそ社会問題や政策論に特化するわけではなく，むしろ倫
理学という学問の全容を一望できるような本をめざしている。

大学で教えられる科目としての倫理学も，そしてもちろん，その土台となっている専門的な学問としての倫理学も，20世紀後半に，この国では1980年代後半以降に急激に変容した。それまで日本の大学で教えられる「倫理学」といえば，もっぱら歴史的に評価の確立した偉大な思想家のテクストを読み解く古典学だった（むろんフリードリヒ・ニーチェやマックス・シェーラーまでくれば20世紀であり，当時の歴史学的にいえば十分「現代」だったし，ましてマルティン・ハイデガーなど70年代まで存命だったわけだが，彼らのテクストへの対し方も「古典」としてだった）が，この時期以降の倫理学は，ひとつには英米系の応用倫理学の，そしていまひとつにはフランスを中心とするポストモダン思想の影響を受けて，急激に「現代」の学へと舵を切った。そしていまやそうした転回自体もまた「歴史」となり，新たな「古典」が形成されている。本書を読まれて，そういう歴史の機微を少しでも感じ取っていただければと思う。

　大学での講義の記録をもとに本をつくる，というやり方は私としては『社会学入門』（NHK出版，2009年）に続いて2回目だが，前回と今回とでは少しばかり，事情も違えばやりかたも違った。事情の違いについては「あとがき」のほうにも書いたので見ていただきたいが，前回は教科書を書くために講義を行い，口述の書き起こしを基に書き下ろしたのに対して，今回はもともと既成の教科書を基に行う予定だった講義を，よんどころない事情からオリジナルの教材で行い，それを基に書き下ろしたものである。つまりこの本を書くことはそもそもは予定外だった。

　さらにいえば内容面，というかコンセプトにも多少の違いがある。前回はいってみれば「書きたいことだけ」を書いたものであ

り，また講義録とはいえ読みものとしての独立性を重視した。それに対して今回は，お手本，というより本来教科書として使うつもりの先行業績もあったし，どちらかといえば「書かなければならないこと」を中心に編成してある。だから，独立した読みものとして面白いかどうかについては，前回ほどには自信がない。とはいえ，義務感を優先して「書きたいこと」を書かなかったわけではなく，むしろ「あっ書いちゃった」とでもいうしかない（個人的には）血湧き肉躍る論述も結構あると思うので，一部の専門家や社会人の読者の方々にも，面白おかしく楽しんでいただけるのではないかと思う。

　最後に，いつものことながら，この本も私がこれまで書いてきたいくつかの本の主題を継承し，それを反芻して整理し直して書かれたものであり，それをさらなる未来につなごうとするものである。長らくお付き合いいただいている読者の方には再会の挨拶をお送りしたいし，初めて私と出会われる読者の方には「はじめまして，今後もよろしく」とご挨拶させていただきたい。

　それでは，本題に入ろう。

第 1 回

倫理学とは何か？

どのようなことが論じられるのか？

What is "ETHICS"?

1 哲学の一分野としての倫理学

倫理学とは何か？

倫理学 ethics とは何か？　これについ
ては，「道徳哲学 moral philosophy」と
いう言葉がほぼ同義として用いられるし，「哲学的倫理学 philo-
sophical ethics」という言い方がわざわざなされることもあるの

で，哲学の一分野だ，ということらしい。しかしなぜそれは科学ではなくて，哲学の一部なのだろうか？　そもそも哲学と科学の違いはなんなのだろうか？　たしかに「人間の正しい生き方は科学的に決まる」などといわれると我々の多くはカチンと来るわけだが，それはいったいなぜなのか？　そういうイラつきには根拠があるのか，あるとしたらどのような？

　少し答えを先取りしてしまったが，倫理学とはとりあえず「人として正しい生き方」「よい生き方」さらには，人間が社会的な存在であることをふまえ「（人がよく，正しく生きることを可能とする）よい社会」とはどのようなものか，について考察する学問，「人はどう生きるべきか」「社会はどうあるべきか」について考える学問だというくらいにしておけばいいだろう。問題はなぜそれが科学ではなく哲学とされるのか，である。

　とりあえずの答えをいうと，このような感じだろう。

●普通は（近代社会では）「である（事実）」と「べき（規範）」とは水準を異にする，そして前者から後者は出てこない（「多くの人が他人を傷つけている」という事実から「人は他人を傷つけてもよい（あるいは，傷つけるべきである）」という規範が導き出されるわけではない），と考えられているからである（この区別は少なくともデイヴィッド・ヒューム以来の由緒正しい区別である）。科学の仕事は基本的には事実の水準，「である」の水準での営み，「世の中・ものごとが実際にどのようになっているのか」を解明することであって，「世の中・ものごとがどうあるべきか」を考えることではない──。

| 道徳の哲学 |

つまるところ「現実を客観的に観察していれば何が道徳的に正しいかがわかるわけではない」ので，道徳は科学の対象ではない，というわけで倫理学は道徳「哲学」であるというわけだ。もう少し詳しくいうと，近代における主導的な哲学観とは「哲学の主題，とりわけ経験科学とは異なる哲学固有の課題は，超越論的＝先験的，つまりはあれこれの具体的な経験に先立つ水準について考えることである」というものであり，それをふまえると上述の，事実の水準と規範の水準とを厳格に区別する，という考え方は「倫理あるいは道徳という水準における我々の思考——道徳的な判断——は，超越論的＝先験的な水準において行われるという性格を持つがゆえに，道徳を含めた価値の問題は哲学の問題であり，倫理学は哲学の一部である」という考えにつながるのである。

乱暴にかつ一面的に挙げれば，たとえば，現実に日々どこかで人は殺されているということは事実だが，だからといってこの経験的事実が「人を殺してはならない」という道徳的命題の正しさに変更を迫ったりはしない，といったようなことだ。

もちろん現実には，あるいは客観的に，第三者の目から見れば，歴史的な時代が変わり，土地が変われば，つまりは人々がそこで暮らす社会的な風俗習慣，さらには物理的な条件（科学技術や自然環境）が変われば，そこで人々が行う道徳的判断のあり方，「そうすることが正しい・善い」と人々が考える振る舞い方・生き方もある程度変化する。つまり道徳の具体的な内実は歴史的・社会的に相対的であるし，そのレベルでは経験的な事実として存在する。

しかしながら，社会のただなかで，その社会において常識的に

1 哲学の一分野としての倫理学 3

定着した道徳を受け入れて生きる人々の当事者としての立場からすれば，道徳は人々のいちいちの行為に先立つ「決まり」「原則」「常識」として成り立っていて，あれこれの具体的行為をなすかなさぬかの判断を導く何ものかである。現実に人々がやっていることを見れば，そうした導きに従った行為はつねに成功しているわけではない。にもかかわらずそうした失敗，つまり道徳と現実がズレてしまっているということが，現実に合わせての道徳の修正を引き起こしたりは──とりあえずは──しない。そのような意味において道徳は超越論的である──経験に先立っている（先験的である）。それは論理法則や数学が，あるいは日常的に用いている言葉，自然言語の規則がそうであるのに少し似ている。

根源的判断

客観的な現実についての認識，判断においても，実際のところはこうした超越論的な側面は案外重要である。たとえば私たちは「生き物」の観念，何が生物であり何がそうではないのか，また生物が共通して持っている性質は何か，についての漠然たるアイディアを持っている。もちろんそれはさまざまな生物，生命現象についての経験科学的探究によって日々バージョンアップされるものではあるが，どうしてもそうした経験的判断には解消しきれないレベルでの「これは生き物である／ない」という判断，むしろその判断によって「とりあえず生き物であろう」と何かが選ばれることによってはじめて，「さてこれが生き物であるとしたら，『生きている』とははたしてどういうことなのだろうか」という経験的探究が可能となるような，そうした根源的判断，まさに超越論的＝先験的判断に，根っこのところでは支えられているのではないだろうか？

　そうした根源的判断は，たとえば我々が地球外生命に出会うと

きには，まさにむき出しとなるだろう。地球外天体において我々が未知の生物に出会うことがあるとして，はたして我々はそれをいかなる基準において「生き物」と呼ぶのであろうか？　そうした「生き物」は我々と同じように水やタンパク質を基盤とした化学反応によって動いている可能性はおそらく高いだろう。だがそれが我々のそれと同じ DNA，核酸として構成されている可能性は，きわめて低いだろう。そうだとしたら，我々がその現象，その物体をたんなる複雑な物理化学的プロセスを超えた「地球外生命」と呼ぶ基準は，DNA のあるなしではありえない。

では，いかなる基準が？

<u>経験に先立つもの</u>　　我々はおそらくそうした「最初の接触」の現場において，新たな生命の定義，従来とは異なる「これは生き物である／ない」の判断基準を編み出すことになる。そしてその基準と従来の基準とがどこで連続し，どこで断絶しているかも，そのときはじめて知ることになる。新しい生命の定義は，いったん確立してしまえば，古い生命の定義と同様，まったく経験的な基準であるかのように見えるだろう。しかしどうやってそれは新しい「生命の定義」として生み出されたのか？　古い生命の定義と新しい生命の定義をともに同じく「生命の定義」たらしめている，いわば「生命の定義の定義」があるはずなのだが，それはいったい何か？　このように考えるならば，まさにこの「生命の定義の定義」は，経験に先立つ超越論的な何ものか，である。

我々の思考における基本的な概念のいくつかは，こうした超越論的な性格を持っている。もちろん「人間」もそうだ。「地球外生命」はもちろんのこと，「異星人」との「最初の接触」におい

て我々の「人間の定義」は更新されざるをえない。そして，そのような更新を可能とする，つまり歴史のなかで経験を通じて変化していくさまざまな「人間の定義」をそれでも同じ「人間の定義」の仲間として結びつける「人間の定義の定義」というものがあるとしたら，それは超越論的な水準にしかないわけである。そして道徳というものも，それが実のところ何であれ，そうした超越論的な性格をいくぶんかは持っている，と我々は考えたほうがよいだろう。またそれはここでいう意味での「人間」と不可分である。なんとなれば人間とは，道徳的配慮の主体の典型であると同時に，その対象，客体の典型でもあるからだ（この問題については第10回で「パーソン論」という形で再論する）。

　少しばかり先を急ぎすぎたようなので，順々に論を進めていくことにしよう。

2 メタ倫理学

道徳的判断とは何か

　「なんでそこから」と思われるかもしれないが，とりあえずは「道徳的判断」つまり，あるものごと（典型的には人の行い）に対して，それがよいとか悪いとか，正しいとか間違っているとか，許せるとか許せないとかの判断を下すこと，ないしはその判断（「その人の行いは正しい／誤っている」といった命題）について考えるところから，話を始めよう。

　道徳的判断は普通，普遍的に妥当することを求められる（「誰がどのような状況で行ったことであろうと，よいことはよい，悪いこと

は悪いはずだ」)。これはヒュームにも強く影響を受けたイマニュエル・カントが代表する発想である。

　もちろん，事実判断の多くも当然のように，普遍的に妥当することを求められる。たとえば「1Gの重力下で100キログラム重の銅像は，地球上を含め1Gの重力のはたらく状況のもとでは，いつでもどこでも誰がどうやって測ってもその重さが100キログラム重である（そして質量100キログラムの銅像は，宇宙のどこでどのようなやり方で測ってもその質量が100キログラムである）」とか。この例に挙げたような法則的事実（つまりたったひとつの事例ではなく，同じ条件を満たす無数の事例の集合）についての命題だけではなく，繰り返しのきかない唯一の歴史的出来事についても，少なくともその出来事以降に生きるすべての人にとって「その出来事がその時その場所で起きた」という判断を下すことは，適切に情報を集めることができれば同じように可能である。

| 道徳の普遍妥当性 | では，道徳的判断と事実についての判断とは，どこがどう違うのか？

たとえば，物理法則に反することは現実には（事実として）起こらない／起こりえないが，道徳原則に反することは現実に起こる／起こりえる。先にも例に挙げたように「人を殺すのはよくない」と普通にいわれているけれど，現実には人殺しは行われている。では道徳の普遍妥当性（といわれているもの）はいったい何なのか？

　ここでいくつかの可能性が考えられる。

●可能性１：本当のところ道徳に普遍妥当性などはない。

　もちろんここで終わりにすることはできない。「では我々が道徳

判断だと思っているものは何か？」という疑問が出てくる。これに対して一番安直な答え方は、「実は道徳的判断と呼ばれているものは、その発話者の私的な、主観的な好みの表明でしかない！（だから普遍妥当性など実はない）」というものだろう。もちろんそれだけでは到底納得できるものではない。「それならなぜ人々は、主観的な好みの表明にすぎないものを、客観的な妥当性のある判断だと勘違いしたのか？」という反問が可能であるからだ。

　しかしここでは「安直」と腐（くさ）したが、案外その説得力を甘く見るわけにはいかない。これを学問的に洗練させて突き詰めたものが、第5回以降で説明するけれども、（倫理学の一分野としての）メタ倫理学でいうところの非認知主義の一種、情動主義（情緒主義）というやつである。

　●可能性2：道徳は主観的な好みの表明に基礎を持つが、だからといってそれに終わるわけではない。たくさんの人々が共存する社会において、あらゆる人がそれに同意しうるようなものへと、つまり普遍妥当性を持つものへと収束していかねばならないし、実際にそうなる。

　これが実のところ、哲学や倫理学にそれほど詳しくない普通の現代人にとって、一番納得がいく穏健な線ではないだろうか。この立場を学問的に洗練させたものとして、投影説、準実在論といわれる学説がある。

　●可能性3：実は、物理法則などとはまた違った形でではあるが、道徳法則は客観的に実在し、道徳的判断はそれを正しく認

識することにほかならない。

　この立場をメタ倫理学では，道徳に関する認知主義であり，かつ道徳に関する実在論，と称する。

メタ倫理学とは何か

　以上のような，道徳の本性についての哲学的考察を「メタ倫理学 metaethics」と呼ぶ。もちろんこのような議論は古代から，ソクラテス，プラトン以来延々と行われてきたが，次回以降で見る規範倫理学とは区別された，独立した研究分野としてのメタ倫理学が確立したのは 20 世紀前半で，当初は主観主義，非認知主義，道徳に関する反実在論が主流だったが，意外なことに 20 世紀後半から客観主義や実在論が発展してきている（あとの講義で，これとは別の分類法も紹介する）。

3　規範倫理学

規範倫理学とは何か

　これに対して，メタ倫理学の興隆以前の倫理学の伝統的な中心課題は今では「規範倫理学 normative ethics」と呼ばれる。道徳の本性を問うこと，「そもそも道徳とは何か？」とか，「人は道徳に従う必要などそもそもあるのか？」といった問いがメタ倫理学の課題であるとするならば，規範倫理学の課題は，人が道徳に従うべきであること，道徳的な生き方をしなければならないことは当然（実はこの「当然」が曲者だが。それは「事実」の水準にあるのか「規範」の水準にあるのか？）だとしたうえで，「では道徳的な生き方，つまり正しい

生き方とかよい生き方とは具体的にはどのようなものか？」，さらには，人間は社会的な存在であるから，「（正しい生き方，よい生き方を可能にする，あるいはそれによって実現される）正しい社会，よい社会とはどのようなものか？」を考えることである。

20世紀前半のメタ倫理学の興隆と裏腹に，規範倫理学の存在感は薄れる。先述の「『現実を客観的に観察していれば何が道徳的に正しいかわかるわけではない』ので，道徳は科学の対象ではない，というわけで倫理学は道徳『哲学』である」という気分が（それなりの理由があって）広く共有されただけではなく，そのなかで，倫理学プロパーにおいても先述の情動主義，道徳の客観性を否定して「道徳言明は私的な，主観的な好みの表明にすぎない」という立場が大きな影響力を持つようになった。

またこのような事情は，社会科学の発展とも関係がある。よりよい社会，正しい政策についての研究は，哲学ではなく，経済学などを中心とする実証的社会科学の領分と見なされるようになる。

応用倫理学への発展　　しかし1971年のジョン・ロールズ『正義論』の出版の前後から，社会科学をふまえた形での新たな規範倫理学の興隆が見られる。さらにこうした規範倫理学の，より具体的な実践的領域での応用が，生命倫理学・環境倫理学などのいわゆる「応用倫理学 applied ethics」であり，ことに先端科学技術の発展が伝統的な人間観・価値観にもたらすインパクトについて考察する。

個別的な応用倫理学のインパクトについては後に触れるが，それにしても，なぜロールズ『正義論』の登場がかくも状況を大きく変えたのかは必ずしも明らかではない。たしかにそれは「立派な哲学者はメタ倫理学をやるべき，規範倫理学なんて哲学的には

無意味」という英語圏での風潮を劇的に変えはしたが，それは「規範倫理学なんて哲学的には無意味」という偏見を論理的に反駁したわけではない。むしろ「臆面もなく規範倫理学をやってみたら，案外おもしろくて哲学業界をはるかに超える反響があったから，あとはどうでもよい」という感じである。「こんなふうにやっていいんだ」という模範演技となって，以降（批判者も含めた）追随者が続出して新時代となった，というわけで，「これまでのやり方は間違っていた！」と旧時代を終わらせたわけではない。しかしロールズ以降，規範倫理学の復興以降は，メタ倫理学も，そしてメタ倫理学と規範倫理学の関係も，変わらざるをえなかったのではないか。

4 本書の目的

　というわけで，今日の社会人に要求される一般教養としての倫理学の大雑把な見取り図（やや語弊のある言い方だが，公務員試験だとか，教員採用試験のレベル，くらいに思っていただいていい。新聞にのる程度の公共政策や社会問題を考える際に役に立つ哲学の知識，でもいい）を得ることを目指すこの講義では，メタ倫理学と規範倫理学・応用倫理学の関係を，その歴史社会的なコンテクストもふまえたうえで，探っていきたいと思う。
　……と，こんなふうに書いてしまうと，「え，そんなんでいいの？　いやしくも倫理学・道徳哲学の教科書を標榜するなら，ただたんにそういう『見取り図』なんてお手軽な知識を伝授するんじゃなくて，よい生き方，人としての正しいあり方，社会の望ま

しいあり方について提言するべきじゃないの？　よしんばそういう『よさ』『正しさ』がひととおりに決まるものではないとしても，読者に対してその探究を促し，鼓舞するべきじゃないの？」と思われるかもしれない。それに対してはこういっておこう。「そういうことは，本を書くとか講義するとかで人に教えられるようなもんじゃない」と。

　本論中でもたびたび触れるが，哲学的倫理学の歴史のなかでは，道徳というものについて，それをある種のルールやプロトコルのようなものと考える立場と，むしろそれに従う能力，というよりそれを運用する（必ずしも杓子定規に従うのではなく，状況とすり合わせる）能力のほうを重視する立場というものがあって，対立——とまではいわないまでも，分かれている。そして後者の立場に立つならば，道徳というものは知識として学ぶようなものではなく，スキル，技能として習得するようなものだ，ということになる。だからこそアリストテレスは，西洋的伝統における倫理学の原点たる『ニコマコス倫理学』で「政治学（ここでの『政治学』は倫理学を含む）についていえば，若者は聴講者としてふさわしくない」（渡辺邦夫・立花幸司訳，光文社古典新訳文庫）と書いたのだろう。

　紙の（最近では電子媒体をも含む）本や口頭での（録音録画をも含めた）講義で伝えられるのは，所詮は知識にすぎない。とりわけ道徳で本当に重要なことは，よさや正しさについての知識ではなく，それを確実にしかも柔軟に実行できる力量のほうなのだ。正直いえばどれほどの知識があるかとか，どのような宗教なりイデオロギーなりを信奉しているかどうかなんてのは，どうでもよいとまではいわないが二の次三の次にすぎない。大切なのは，人間としてまっとうなのかどうか，だ。そういうまっとうさなどというの

は，本や講義を通じては身につけられるものでは当然ない。お手本を示す媒体としても，学術的著作よりは，文芸作品などのほうがよほど適切である。

　しかしながら，人間としてのまっとうさが，行いのよさや正しさを必ずしも保証してくれない，というのもまた，とりわけ近代社会における——いやおそらくは，十分に気づかれてはいなかったとはいえ，古代においても，およそ文明社会といえるところでは同様だったろう——人間の条件というものなのだ。だから，それだけでは役には立たないであろう，道徳についての知識をそれとして学ぶということにも，哀しいかな意味があるのだ。

読書案内 ●••

　比較的入手しやすい，倫理学全般についての入門書・教科書的な文献から，メタ倫理学，規範倫理学，応用倫理学，道徳思想史の全般に目を配っており，比較的新しいものをいくつか紹介する。
　品川哲彦『倫理学入門——アリストテレスから生殖技術，AIまで』（中公新書，2020年），中村隆文『「正しさ」の理由——「なぜそうすべきなのか？」を考えるための倫理学入門』（ナカニシヤ出版，2018年），田上孝一『本当にわかる倫理学』（日本実業出版社，2010年），マーク・ディモック＆アンドリュー・フィッシャー『Aレベルの倫理学』（https://medium.com/@BetterLateThanNever/aレベルの倫理学-2f7128c1d8a9），赤林朗，児玉聡編『入門・倫理学』（勁草書房，2018年），ジュリアン・バッジーニ＆ピーター・フォスル『倫理学の道具箱』（共立出版，2012年）。
　この回での「哲学とは何か，倫理学はなぜ哲学の一部なのか」についての議論は，稲葉振一郎『宇宙倫理学入門——人工知能はスペース・コロニーの夢を見るか？』（ナカニシヤ出版，2016年）の第1章に依っている。

第2回

規範倫理学 I　功利主義

　すでに前回，簡単にメタ倫理学の導入を行ったが，本格的な講義は規範倫理学のほうから始める。まずは功利主義 utilitarianism から見ていくことにしよう。

1 ベンサムと功利性原理

　前回「1971 年のジョン・ロールズ『正義論』の出版の前後から，社会科学をふまえた形での新たな規範倫理学の興隆が見られ

る」と述べたが，ロールズ『正義論』は社会契約論とカント倫理学の現代的再生と見なされ，また当時英語圏で（メタ倫理学主流のもとでやや日陰に追いやられがちだったとはいえそれでもなくなってはいなかった，そして何より政策科学の主流としての経済学への影響が大きかった）功利主義への批判として評価された。

　そうすると，19世紀から20世紀にかけての規範倫理学と政治哲学の流れを，功利主義とカント主義の対決と見なすとわかりやすい。

功利主義

　　　　　　　　　　高校の倫理の授業でも習うとおり，功利主義といえばまずはジェレミー・ベンサム（ベンタム）とジョン・スチュアート・ミルである。原点として強烈な個性を放つのはベンサムであり，ミルはある意味でベンサムとカントの総合ないし折衷を目指したといえる（G. W. F. ヘーゲルにもそういうところがある）。

　功利主義は倫理学，とりわけ人の生き方の指針を与える道徳哲学というよりは，正しい政策や政治体制のあり方を示す政治哲学としての色彩が強い。しかし政治哲学として見た場合，結果的には個人の自由を重んじる自由主義にコミットするので，個人レベルの倫理学としても展開される（この点については，対立するカント主義と同様である。ただしその根拠＝理由は異なる）。

　ベンサム以来の功利主義の基本原則たる「功利性原理」は，「現実にものごとはこうなっている」，つまり「人間を含めた感覚的存在は苦痛を避け快楽を求めるものである」という事実判断のレベルと，これをふまえたうえで，これとは別に「人間を含めた感覚的存在の苦痛を減らし快楽を増やすことはよいことである」という価値判断のレベルとが組み合わされて成立する，と考える

とわかりやすい。前者の原則は功利主義に批判的な論者，たとえばカント主義者の多くも否定はしない（カント自身もこれを認める）。ポイントは，それと後者とが結びついているということだ。

| 最大多数の最大幸福 | 功利主義によれば，他者（人間のみならず動物も含む）の苦痛を減らし快楽を増 |

すこと，その幸福に貢献することは善行であり，あらゆる感覚的存在の幸福を可能なかぎり増すことが公共善であり正義にかなう，ということになる。これがベンサムの「最大多数の最大幸福」という表現で言い表されようとしていることである。

　この「最大多数の最大幸福」という言葉づかいにかかわって，すぐに思いつかれる功利主義批判は，「快楽や苦痛などの感覚は基本的に主観的・私秘的なものであり，人と人との間で客観的に比較したり，いわんやそれらを足し合わせて集計したりすることはできないのではないか？」というものであろう。この批判はとりあえず技術的なものではあるが，少し掘り下げると，もう少し深刻で根本的な疑問にすぐに到達する。すなわち，

　●感覚の主観性とは，突き詰めると「人は一人ひとり，互いに比較することができない，かけがえのない唯一無二の存在である」ということを意味するのではないか？

という疑問である。これをもう少し敷衍すると，

　●感覚の主観性とは，突き詰めると「人は一人ひとり，互いに比較することができない，かけがえのない唯一無二の存在である」ということを意味するのではないか？　そして道徳とは，

そのような，それぞれの個人の唯一無二性，かけがえのなさの
尊重をその根本的な基礎とするものではないか？

となる。「快楽や苦痛を，つまりは主観的感覚を客観的に測定し，
比較し，集計することが可能である」と考える功利主義は，この
ような個人のかけがえのなさを軽んじているのではないか？　こ
のような功利主義批判の背後にある直観を洗練させたものがカン
ト主義的な倫理学だといってもよい。

　こうしたカント的な批判を意識してか，「幸福な少数の人々か
らなる社会と，不幸な多数の人々からなる社会では，後者の人口
があまりに多ければ後者の方の幸福の総量が大きくなりうるが，
後者の方がよりましな社会だ，という結論は理にかなっていな
い」として，幸福の総量ではなく，一人当たりの幸福を基準とす
る立場もあり，平均功利主義と呼ばれる。それに対して「最大多
数の最大幸福」派は総量功利主義と呼ばれる。総量主義は「新し
く人が生まれること自体はよいことだ」と含意するのに対し，平
均主義は「『人が生まれる』こと自体はよくも悪くもない」とい
う存在先行説を含意する（第10回の「パーソン論」を参照のこと）。

　このほかにも「テクニカル」なレベルで功利主義に対してはい
ろいろな疑問が浮上し，それに応じて別の立場が立ち上がったり，
功利主義のなかでも細かい立場の違いが分かれてくる。

　たとえば「選好功利主義」とは，「主観的な快苦なんて客観的
に観測不可能で，実際に測定できるのは，実現された行為のなか
での選択肢の順序づけだけじゃないのか？」という疑問から浮上
した立場である。この考え方は経済学の影響を強く受けているが，
これに対してやはり経済学・ゲーム理論の展開のなかで「合理的

な選択の背後には，一貫した効用関数（快苦の尺度）を想定することができる」という反論も浮上してくる。

2　功利主義と自由主義

個人の自由とは

ところでミルは功利主義者としてのみならず，論文『自由論』によって，古典的な自由主義，リベラリズムの大成者として名高い。ところが，自由主義と功利主義との関係は，のちに見るカントの場合ほどには，自明ではない。功利主義に対しては，

●功利主義にとって個人の自由と自律って実はそんなに大事じゃないよね，自由自体は目的じゃなくて（快楽を増やすための）手段にすぎないよね。自分より賢い人が自分の利益のために正しい指示を与えてくれるんだったら，自分の考えは引っこめてそっちに従ったほうがいいよね。そういう反自由主義的な提言に，功利主義者は反駁できないよね？（大げさにいえば，エリート主義，独裁に寛容ではないのか？）

という批判が，しばしば投げかけられる（「植民地総督府功利主義 government house utilitarianism」という言葉がある）。それに対しては通常は，

●そのとおりだけど，普通は「自分のことは自分が一番よく知っている」と予想できるので，個人の自由と自律は（個人の快

楽と公共の利益を増やす手段として）大事である。よって大体においては自由主義的な政治経済体制を支持しておけば間違いはない。

と返すのが定番だが，自由の（手段的ではない）内在的価値を重視する立場からすれば，当然この回答には不満が出るだろう。それについてはあらためて考える。

規則功利主義と
行為功利主義

また「功利主義における評価・指示の対象は，一つひとつの個別具体的な個人の行為（とその効果・帰結）なのか，もうちょっと大雑把に同じタイプの行為のグループ，あるいはそういう行為のグループ一般にあてた全般的なルールなのか？」という問いかけもある。これに対しては「原則的かつ厳密には前者だけど，実際にはいちいちそんな細かい評価・指示なんてしていられないから後者でやるしかないし，それで十分」という立場が「規則功利主義」であり，それに対して原則論を重んじるのが「行為功利主義」である。

これに関連して，「指令主義」という理論で 20 世紀後半のメタ倫理学をリードした一人である R. M. ヘアは，規範倫理学においては功利主義者で，「二層理論」を唱えた。これはいってみれば，普通の人々の日常生活の実践レベルでは「規則功利主義」でよい（そしてこれで精いっぱいだ）が，異常事態や全体社会レベルでの政策決定などのハードケースに際しては，一般的ルールに追随するだけではなく，そのルールの合理性を原理的に反省し，そのケースについての最適な決定を求める「行為功利主義」的アプローチが求められる，というものである。

また，「規則功利主義」と「行為功利主義」の区別は，個人の自由をどこまで重んじるか，という問題ともかかわっている。個人の自由は一般的なルールが安定している体制のもとでないと保証されない。いちいち個別の箸の上げ下ろしまで指図されては自由もクソもない。この観点からも，つまり自由主義と功利主義の関係を考える際にも，両者の区別とヘア的な「二層理論」のアプローチは重要である。

3 功利主義と現代経済学

諸個人の効用

　20世紀における政策科学の主役は経済学であるが，今日の経済学においては，快楽（経済学の用語でいえば「効用 utility」，なお功利主義は utilitarianism）の個人間比較も単純な集計も不可能である，という考え方が主流である。

　わかりにくいだろうから細かくいうと，ベンサム的な最もシンプルな考え方からすれば，個人の効用は，その値が一次元的な順序に従い，単純に大小比較ができる数値で表現できるような構造をしているだけではない。現代の経済学もそこは認める。そこを認めるから，効用の個人内比較（たとえば，昨日の自分の状態と今日のそれと明日のそれの比較）ができて，時間の流れのなかでの意思決定の基準ができる。しかしながら現代の経済学者の大多数は，効用の個人間比較は認めない。個人ベースで「今日は昨日より幸せ」ということは認めても，「AさんはBさんより幸せ」とは厳密にはいえない，とする。言いうるのは「AさんはBさんより

稼いでいる／消費している」までである。だから所得や消費など客観的な金銭や物材で測れる尺度では，比較も集計もできるが，効用自体は個人間では同じ尺度でもって比較することはできず，したがって集計する，足し合わせることも原則的にできない，と考える。

効用は比較できるか？ それでは，功利主義を認めない経済学者は，社会の状態を，あくまで個人の効用をベースに比較することはできないのか？ 比較のためには所得といった客観的に測れる尺度を持ってきて「こっちの国とあっちの国ではどちらの GDP が高いか？」などとやるしかないのかというと，そんなことはない。

効用の個人間比較と集計ができず，社会状態を「その社会を構成するすべての個人の効用の総計・平均」といった一次元的な指標で示せず，たとえば全個人の効用水準からなるベクトル（人口サイズに等しい次元数を持つ）でしか表示できないような場合でも，パレート基準を用いれば，社会の状態の比較はでき，限定的にであれば，「以前より改善した／悪化した」とか，「こちらの社会のほうが良い状態である」といえることもある。

パレート基準によれば，ある時点での社会構成員全員の効用が以前よりも向上していれば，それは当然に社会全体の改善と見てよい。そこまでいかなくとも，ほぼ全員の効用水準が不変であるが，少なくとも一人の効用が向上していれば，パレート基準によれば社会レベルでの改善である。だが言うまでもなくこの尺度では，あらゆる社会状態を一次元的に順序づけることはできない。

功利主義・厚生主義・
帰結主義

しかしながら「個人の状態の良し悪しのみならず，社会全体の状態の良し悪しの評価の基準は，基本的には個人の快楽，幸福（効用）にある」という考え方自体は，この原題の経済学においても，功利主義から継承されている。このような発想を「厚生主義 welfarism」と呼ぶ。この場合，功利主義は厚生主義の一種（厚生主義のなかでも，効用の個人間比較と集計を可能と考える特殊な立場），ということになる。さらにいうと，功利主義を含めた厚生主義は，個人の行為，政府の政策，社会の制度の良し悪しの評価を，それがもたらす結果の良し悪しで評価するという意味において，「帰結主義 consequentialism」の一種である，とされる（カント主義・権利論は功利主義のみならず厚生主義・帰結主義への批判でもある）。理論的にいえば，功利主義は厚生主義の一種であり，厚生主義はさらにまた帰結主義の一種，ということになる。

　歴史的にいえば，功利主義の理論がまず形成されてから，その理論的な位置づけが整理されたうえで，厚生主義，帰結主義といった理論的立場が見出されたのであり，原点としての功利主義の重要性を忘れてはいけない。ただ，20世紀の経済学における理論の数学的な洗練のプロセスを見ると，功利主義とは厚生主義や帰結主義の初期の素朴な段階であり，歴史的遺物である，という印象もぬぐえない。ところが——。

　意外なことにロールズ（カント主義の復権と見なされることが多い）による功利主義批判以降，功利主義の倫理学はそれに逆襲する形で大胆な復活をとげ，現代哲学の先端に復活してくる。それはいったいどうしてなのだろうか？　それについて詳しくは，本書後半の応用倫理学（生命倫理学，動物倫理学，環境倫理学ほか）の

説明のなかで触れていくことになるが，一言で予告するとすれば
それは「境界線をあっさりと無視して超えていく臆面のなさ」と
でもいうべきものである。

 読書案内 ●●●

　簡単な入門書としては，児玉聡『**功利主義入門──はじめての倫理
学**』（ちくま新書，2012 年）がある。ジェレミー・ベンサムの著作の
翻訳は入手しやすいものが少ないので困るが，研究書・解説書のたぐ
いはたくさん出ている。そのなかでも児玉の博士論文がネットで無料
で公開されており，読みやすさもあって大変便利である。児玉聡『**ベ
ンタムの功利主義の理論とその実践的含意の検討**』（http://plaza.
umin.ac.jp/~kodama/doctor/doctoral_thesis.pdf）また，児玉聡『**功利
と直観──英米倫理思想史入門**』（勁草書房，2010 年）では功利主義
サイドから見たロールズとの対決，さらに功利主義からの応用倫理学
への展開が説明されている。
　ジョン・スチュアート・ミルは『**自由論**』『**功利主義**』の翻訳が文
庫などで複数利用できるので参照されたい。
　二層理論については，R. M. ヘア『**道徳的に考えること──レベ
ル・方法・要点**』（勁草書房，1994 年）がある。
　現代における功利主義倫理学をとりわけ応用倫理学方面でリードす
るピーター・シンガーの著書は，多くが邦訳されている。とりあえず
ピーター・シンガー『**あなたが世界のためにできるたったひとつのこ
と──〈効果的な利他主義〉のすすめ**』（NHK 出版，2015 年）が一
般向けに書かれているものとして挙げておきたい。このほかにカタジ
ナ・デ・ラザリ＝ラデク＆ピーター・シンガー『**功利主義とは何か**』
（岩波書店，2018 年）が包括的な入門書として有用。
　日本では功利主義と道徳的実在論の立場から透徹した議論を繰り広
げた安藤馨『**統治と功利**』（勁草書房，2007 年）もカルト的人気を博
している。

第3回　規範倫理学Ⅱ　権利論

現代のスタンダードな倫理学教科書の多くでは，カントの系譜に立つ倫理学の解説の章は「義務論」と題されているが，本書ではロールズ以降の展開を重視し，カント的な意味での義務の眼目は権利の尊重・擁護にあるとの観点から，「権利論」と銘打つことにする。

すでに触れたとおり，現代の政治哲学，倫理学の世界においては，とくにジョン・ロールズ『正義論』以降，規範倫理学説上の主要な対立として，功利主義とカント主義という2つの立場の間の対立がクローズアップされることが多い。ロールズの作業は経

済学的道具立てを駆使しつつ，従来どちらかというと経済学に親和的な道徳思想とされ，それゆえに政策科学においても隠然たる影響力を及ぼしていたと思しき功利主義倫理学を批判し，カント主義倫理学を現代的に再生しようという試みとして知られている。

1 功利主義との対比で見るカント主義

功利主義の３つの特徴

前回の復習となるが，功利主義の特徴について復習すると，第一にそれは帰結主義，すなわち，人の行為や法的制度，政府による政策の道徳的評価の基準を，それがもたらす結果によって評価しようとする立場である。

第二に功利主義は快楽主義（あるいは「厚生主義」といってもよい），すなわち，そこでいう「結果」をあくまでも人（ならびに感覚を持った動物全般）の快楽・苦痛ベースで判断する立場である。

そして第三に功利主義は集計主義，すなわち，たくさん存在する人（ならびにその他快楽・苦痛を感じ，それゆえに道徳的配慮に値する動物全般）の感じる快楽・苦痛をなんらかの形で集計することによって，人々（ならびに動物）からなる集団としての社会全体の状態の善し悪しの道徳的評価の基準を作り出そうとする立場である。

カント主義の倫理学

それとの対比を意識して，ベンサムのほぼ同時代人であったドイツの大哲学者イマニュエル・カントにその名を負う，いわゆるカント主義の倫理学の特徴をまとめる。

それはまず何よりも，人々の幸福・不幸を集計して社会の善し悪しを評価しようという集計主義を厳しく批判し，一人ひとりの個人のかけがえのなさ，尊厳を道徳の中心に据える。

　注意しておくと，カントとベンサムは同時代人ではあるがカントのほうが年配で活躍した時代も早く，両者の間に交渉はない。カントがベンサムを直接批判したわけではないし，ベンサムのほうでもカント批判をしてはいない。ただ，ジョン・スチュアート・ミルが自分の功利主義を彫琢する際に，カントを意識してベンサム的論法の修正をはかったという解釈は可能であるし，20世紀におけるカント倫理学復興者としてのロールズは，非常に明確に功利主義批判を試みている。

　カント主義にとって，集計主義のどこが気に入らないかといえば，それは「少数者の犠牲の上に多数者の利益を確保する」という政策に対するガードが弱い，というところである。集計主義的功利主義は「ごく少数の豊かな人々の富を多数の貧困者に再分配する」という政策を正当化することができる一方で，「ごく少数の貧困者を切り捨てて多数の豊かな人々の利益を保つ」政策の正当化にも使える。しかし後者は直観的におかしい，とカント主義者は主張する。それがたんに経済的再分配にとどまらず，安全保障案件（戦時その他の非常時）などにおいて，人命にかかわってくればなおさらだろう。また今日の生命医療倫理学においては，まさにこうした，人命に直接かかわる資源の公平な配分が問題となる。

カント主義における道徳

　さらにカント主義は，人の行為の道徳的評価においても，それがもたらす帰結以上に，人がそれをしようとする動機，理

由を重視する。功利主義においては道徳的によい行いとは，結果的に多くの人をより幸せにする行為であり，その行為を行った人がそれをどのような動機で行ったのかは問わないわけではないが二の次である。つまりそこでは「偽善」それ自体は別に批判の対象とはならない。

しかしながらカント主義の倫理学においては，善き行為とは善き結果をもたらす以上に善き動機によって引き起こされていなければならない。つまり，善い行いをすることはいわばそれ自体が目的でなければならず，善い行いの結果得られる名声や報酬といったものを目当てに行われては，その価値が損なわれてしまう。

なぜそのように考えるのかといえば，ひとつには，そこでは道徳の中心が人の尊厳だからである。人の尊厳とはその人の存在のかけがえなさ，唯一無二性であり，その具体的な表れとしてもっと重要であるのは，人の行為の自由である。このような自由を万人に平等に権利として保障することが肝要であり，人々は互いの権利を尊重し侵害しない義務を持つ。権利と義務はセットであり，かつ基底的なのは権利のほうである。

ではどのような行為が本当の意味で，まさに人間の尊厳の体現として「自由」であるのかと考えたとき，乱暴にいうとカント主義においては，「その行為それ自体とは別個の何事か」を目的としてなされる行為よりも，純粋にその行為自体を目的としてなされる行為のほうが，まさに「自由」を体現して価値の高いものとして評価されるきらいがある。それゆえに道徳的行為についても，その帰結への配慮よりも，その行為自体をなそうという意志が重視されてしまう。

乱暴にいうと「人は他人を手段化してはならない」。もちろん

社会生活のなかで，人は他人を利用して生きていかないわけには
いかないが，それはもっぱら，そこで利用される他人の自由意志
による容認があってこそ許される。自発的な合意に基づく取引と
はこのようなものである。他人の意志に背き，あるいは他人を瞞
着して利用することは，他人の尊厳を犯し，傷つけることだ，と
いう理解がそこにある。

　ここには人間の平等についての，非常に逆説的でアクロバティ
ックな思想がある。功利主義の背後仮説を深読みすれば，「人間
に対する道徳的配慮の必要（道徳的価値？）はある共通の尺度で
測ることができて，その結果人間同士には大差がないから，平等
に扱うべきだ」と解釈することも不可能ではないだろう。後に見
るが，その発想の延長線上に，種差別批判，「人間と人間以外の
動物をより平等に扱うべきだ」という主張を見て取ることも不可
能ではない。それに対してカント的な倫理学の根底には「各個人
はそれぞれに唯一無二の存在として，その価値を比較することは
不可能なのであり，そのようなものとして逆に平等に，無差別に
扱うしかない」という発想がある。

| 自由の実現
としての道徳 | ただここでカント的な意味での義務を，
互いの自由を保障するための相互拘束，
というふうに捉えてしまうのは，完全な

誤りとはいわないまでも，やや不正確だろう。そういう論法であ
ればすでに 17 世紀においてホッブズ，ロック，あるいはスピノ
ザのいわゆる社会契約論にも見出すことができる。カントにおい
てはそこからもう少し踏み込んで，そうした相互拘束の必要性を，
理性的主体としての各人が理解し，引き受けて，あくまでも自由
意志に基づいて自己拘束する，というふうに議論が展開される。

つまりカントにおいては，義務は自由を拘束するものとしてではなく，自由な選択の結果として確立されるものなのであり，自由の実現にほかならない。自由が実現されるための制約条件としてのみならず，それ自体自由に選ばれて作られたものとして，つまり自己支配，自己統治として道徳が理解される。

　もちろん17世紀の社会契約論にもそのような読み込みは可能であるが，そこでは自由を保障する特別な装置としての法，そして国家権力の必要性に力点があり，ホッブズやスピノザは，そもそも国家権力が樹立されるまでは，人間にはなしうるいかなることも行う自由があり，そこに外的な制約はない，とまでいう。ある意味でそこでは，道徳に政治が先行している，とさえいえる。しかしながらカントの場合は，現実のメカニズムとしてはともかく，論理的には道徳が先行している，というべきだろう。理性的な思考の結果，人は自由の実現のためにどのような条件が必要かを理解できるのだから，自由な理性的主体は自力で道徳を作り出せる。国家はそれを理論から現実に引き写すにすぎない。

2 ロールズの『正義論』

原初状態

ここで，カント的立場を現代において復興した立役者とされるロールズの議論を見てみよう。少し長いが，『正義論』から引用する。

「原初状態 the original position のアイディアは，そこにおいてはいかなる合意された原則も正しくなるような公正な手続を設

定するためのものである。（中略）そのために私は、当の人々は無知のヴェールの背後におかれる、と仮定する。彼らはありうべきさまざまな可能性が、己の特定のケースに対してどのような影響を及ぼすかを知らないし、また諸原理をただ一般的な考慮という基盤からのみ評価するよう義務づけられている。

　すなわち、当の人々はある種の特定の事実を知らない、と仮定される。何よりも、誰も社会のなかでの自分の位置、自分の階級的位置ないし社会的地位を知らない。誰も自然的資産と能力、知性や強さ、といったものの分配における己の運不運を知らない。さらに、誰も自分の善についての理解、自分の生についての特定の合理的なプラン、あるいは自分がリスク回避性向とか楽観主義的あるいは悲観主義的傾向といった自分の心理的な特徴さえも知らない。これに加えて、私は当の人々は彼ら自身の社会の固有の状況さえも知らない、と仮定する。すなわち、彼らはその経済的ないし政治的状況、あるいはそれが達成することのできた文明と文化の水準さえも知らない。原初状態における人々は、自分たちがどの世代に属するのかについても何の情報も持たない。」（『正義論』第24節、邦訳は稲葉による。）

　この『正義論』では、ロールズはさまざまなレベルにおいてかなり過激なことをやっている。

　彼の有名な「正義の二原理」、すなわち①各人への自由の平等な保障、②社会経済的不平等は、そのなかで最も恵まれない人々の利益を最大とするかぎりで許容される（『正義論』第11節、第46節ほか）、という、「正義にかなった社会のあり方」についての論述（原理のレベルとはいえ）では、たんなる手続的正義ではなく、

かなり具体的な内容を持つ実体的正義の主張が提示されている。これは後にも見るように，もう少し具体化すれば，言論の自由に立脚したリベラル・デモクラシーの政治体制と，私有財産制度と自由な市場経済に基盤をおいた経済体制に加えて，自由な経済活動は原則的に容認されるが，そのもとでの格差・不平等を緩和する福祉国家的再分配の運営が政治の主要課題となる，という社会構想につながる。

しかし，ロールズはこの二原理を天下りに，無根拠に出しているわけではない。ロールズはそれらをあくまでも，上の引用に示したような「原初状態」のもとでの「いかなる合意された原則も正しくなるような公正な手続」から導き出されるはずのものであり，かつまたそれはカント倫理学を基本的に継承するものだ，としている。ここが非常にややこしい。「原初状態」のもとにある合理的な主体なら誰でもこの原理に合意するはずであり，それはカント的な自律・自己立法の理論の説くところに等しい，というのだ。もちろん「合理的な主体なら誰でも」ではなく，あくまで「原初状態」という非現実的な思考実験を通してなら，であるが。

"The idea of the original position is to set up a fair procedure so that any principles agreed to will be just." この文章をどう理解したものやら，悩むところである。「原初状態 the original position」の具体的に示すものは何たるかはさておいて，まずは「公正な手続 a fair procedure」から考えよう。"to set up a fair procedure so that any principles agreed to will be just" という表現からは，「公正な手続 a fair procedure」を通じての合意として出てくるのであれば，「どんな原則でも any principles」正当である，という主張が読み取れる。しかし「どんな原則でも

any principles」と言いながらその実ロールズがそこから出てくるはずとしているところの「正義の二原理」は相当具体的で特殊なものである。つまり「公正な手続」を通じての合意の結果，この「正義の二原理」が出てくるような初期条件として「原初状態」が持ち出されている。

「原初状態」への疑問

となると，ここで少なくとも2つの疑問が出てくる。ひとつは，ロールズがいうとおり「原初状態」に（たとえ仮想的にでも）身を置いた人々は，本当にこの「正義の二原理」に行き着くものなのだろうか？　ということである。

　そして第二に，とりわけもし本当に「原初状態」から出発する「公正な手続」を通じての合意が必然的に「正義の二原理」に行き着くのだとしたら，そもそも人々はこの「原初状態」に身を置くだろうか，「無知のヴェール」を自らかぶるだろうか？　ということである。この手続全般が「公正」なものであるならば，「原初状態」における「公正な手続」を通じての合意に至る交渉プロセスの手前に，交渉におもむく人々全員が交渉の本番の前にいったん「原初状態」に身を置くという合意が，それこそ「公正な手続」を経てなされていなければならないだろう。しかしそれを通じて人々が「原初状態」に身を置くという合意に至るような「公正な手続」とは，あるいはその出発点とはどのようなものだろうか？

『正義論』のストラテジー

ここに相当な無理があることは認めねばならないが，他方でまた，その無理を飲み込むならば，この仕掛けは相当に巧妙なものであることも認めねばならない。すなわちここでロールズ

は，功利主義者とは異なり，効用の個人間比較を，それを可能とする客観的な尺度を必要とすることなく，しかもその見かけとは異なり，関係者間の実際の交渉と合意を経由することなく，誰もが——現に生きていてやろうと思えば実際に交渉と合意に参加することのできる人々のみならず，現在は存在せずこれから生まれてくる人々まで含めて，およそ「合理的主体」であれば（後に「生命医療倫理学」の回で出てくる言葉でいえば「パーソン person」でありさえすれば）——合意しうるような社会編成原理へと，単独での理性的推論を通じて到達するような仕掛けとして「原初状態」を設定しているのだ。そこでの「正義の二原理」の導出は実際の交渉・合意ではないのはもちろん，実はヴァーチャルな交渉・合意でさえない。結果的にあらゆる合理的主体が同じ結論に到達せざるをえないような，単独での推論であり，原初状態は「あらゆる合理的主体が同じ結論に到達せざるをえないよう」にする仕掛けなのである。

「原初状態」において人は，己の個性についてのあらゆる情報を遮断する。己が置かれた社会的・物理的環境，外的条件も，身体的・精神的性質，内的条件もほとんど一切忘れるが，忘れない（忘れられない）こともある。自分が現に生きている合理的な主体であり，自分の利益のために合理的に判断して行動する，ということは忘れない。ただし何をどうすれば自分の具体的な利益になるか，は忘れている。そうやって己の個性について忘却することによって，人は己が何者でもありうる，という可能性を考慮に入れたうえで，自分にとって望ましいと思われる社会の基本枠組み，編成原理を選ぶ。そうすることによって，ありとあらゆる状況に置かれたありとあらゆる個人間の交渉の結果得られる合意とほぼ

等価のものが，単独での合理的な推論によって得られる。——ロールズの議論の組み立てはだいたい以上のようになっている。

　繰り返しになるがここにはもちろん無理がある。第一に，先に述べたように，仮に「原初状態」に身を置けば「正義の二原理」にすべての人が到達し，公正な手続を経たのと同様な合意がそこで得られるということを認めたとしても，その前に人に「原初状態」に身を置いて考えてみることを「公正な手続」で求めることが可能かどうか，はまったく明らかではない。おそらくは最初から「原初状態」に身を置いてみることが合理的だ，と考える人しか，「公正な手続」を通じての「原初状態」の思考実験への参加を認めないだろう。「原初状態」の思考実験を認めない人にとっては「正義の二原理」は説得力を持たないだろう。

　第二に，これはロールズの時代から何度となく指摘され，実際ロールズ自身も『正義論』のなかで格闘している問題だが，「原初状態」から引き出される自然な結論がロールズ的二原理，とりわけ再分配にかかわる第二原則，通称「格差原理」である。格差原理はいわば「起こりうる最悪の事態に備えて，その最悪の結果をできるだけマシにする（マクシミンmaximin）」意思決定原理から導き出されるものであるが，それと対比されるのが「起こりうるあらゆる可能性の平均値を最大化する」意思決定原理，ロールズのいう「平均効用原理」（標準的な功利主義の発想はこちらになる。ノーベル経済学賞受賞者のジョン・ハーサニほか）とどちらが合理的か，は必ずしも明らかではない。すなわち「原初状態」を認めたとしても，そこから必然的に「正義の二原理」が導かれるわけではない。

　しかしながら以上の検討を通じて，ロールズ『正義論』の基本

的なストラテジーが，カント的な自律・自己立法としての道徳，自由な選択の結果から導かれる自己統治としての道徳・正義原理と，その具体化としての政治体制の構想，というものであることは明らかになったであろう。そのようなものとしてロールズの政治哲学は，現代リベラリズムのひとつのベンチマークと見なされている。

3 なぜリベラリズムなのか？

リベラリズムの根拠　効用の個人間比較・集計の可能性，行為の道徳性の評価の根拠，といった多くの重要な論点において真っ向から対立する功利主義とカント主義は，しかしながら，ともにリベラリズム，自由主義の政治哲学・倫理学として一括される。それはなぜだろうか？

　一見したところカント主義の発想は，個別の政策よりも，それらを規制しまたその基礎ともなる社会の基本秩序（広い意味での「憲法」）のほうに関心を向ける，立憲主義のそれと関連が深いのに対して（ロールズはもとより，カント自身もまた社会契約論者である），前回も見たように，功利主義は経済学的政策思考に強く影響を与えている。となれば，この問題について考えることは，立憲主義と経済的自由主義をともに「リベラリズム」と呼びうることの根拠について考えることにもなるだろう。

　そもそもカント主義においては自由意志，行為の「自由」は上記のごとく根本的な意義を占めるが，功利主義にとってはそうではない。功利主義にとっては，重要なのは行為の帰結であるのだ

から，その行為がどのような動機でなされたのか，それどころか，その行為が行為者の自由意志によってなされたのかどうかでさえも，二次的な問題でしかないのである。

尊重されるべき「自由」

しかしながら我々は「自由」という言葉によって指示される対象を，自由意志や自由な行為といった能動的なものごとに限定すべきではない。たとえば信教の自由とは，積極的に自ら何かの信仰を選び取る，ということの自由だけではない。むしろそれ以上に重要なことは，すでに持ってしまっている信仰を捨てることを強制されないことであり，それに加えて，いちいちどんな信仰を持っているのか，あるいはそもそも信仰などないのか，といったことについて，余計な詮索を受けないこと，である。

すなわち，何かを能動的に行う「自由」も大事であるが，いわばその前提として，余計な介入から「自由」であることこそが，いわゆる「自由主義」において尊重されるべき対象なのではないだろうか。

その意味においてはカント主義も功利主義も等しく，自由主義的な思想である，と言いうることになるだろう。すなわち，あるがままの人間の性質を肯定し，そのうえで，あるがままの人間になしうる範囲での行為や，それを導く政策や制度を，道徳的評価の対象とする，という意味において。すなわちそこでは，人を「あるべき人間性」へと，特定の「よき生き方」へと強制しようという志向はもちろんのこと，導こうという志向さえもほとんどない。

道徳的評価の対象となるのは基本的には行為であって，行為の主体たる人格それ自体は，カント主義の場合にはそれ自体で尊厳

あるものとして，功利主義の場合には道徳がそれに対して貢献すべき目標として，普通は道徳的評価の対象とはならない。仮に「よい・正しい行為」をなしがちな「優れた人格」が想定されたとしても，それでもって個別の人の人格の道徳的価値を裁断する基準とはなされない。この意味において，人間は互いに平等なのである。

 読書案内 ● ● ●

今回の内容はおおむね稲葉振一郎『政治の理論──リベラルな共和主義のために』（中公叢書，2017年）の第1章に依っている。

ロールズ以降の政治哲学の展開についての入門書としては，ベストセラーになったマイケル・サンデル『これからの「正義」の話をしよう』（ハヤカワ文庫，2011年）のほか，神島裕子『正義とは何か──現代政治哲学の6つの視点』（中公新書，2018年）が手軽である。

ここで触れたかぎりでのイマニュエル・カントの発想についてはカント『実践理性批判』（岩波文庫ほか），カント『人倫の形而上学の基礎づけ』（中公クラシックス，岩波文庫ほか）の初めのほうを拾い読みだけでもしてみてほしい。

今回の議論の原点であるロールズについては，解説書もいろいろ出ているが，ジョン・ロールズ『正義論〔改訂版〕』（紀伊國屋書店，2010年）の第24節前後だけでも読んでみよう。

第4回

規範倫理学Ⅲ　徳倫理学

1 近代はリベラリズムの時代？

神の教えから
道徳の探究へ

　近年の政治哲学，倫理学の世界においては，とくにジョン・ロールズ『正義論』以降，規範倫理学説上の主要な対立として，功利主義とカント主義という２つの立場の間の対立がクローズアップされることが多い……と，これまでしつこく述べてきた

が，実は歴史的に見ればこれはまさに「近代」的な展開であって，18世紀末から，フランス革命前後の時代からのことである。ではそれ以前はどうだったのか？

これまでにも述べたように近代政治哲学の原点は，17世紀の内乱の時代（イギリス市民革命，ドイツ30年戦争——）の，トマス・ホッブズやジョン・ロックらの近代社会契約論であり，彼らの同時代人たるベネディクト・スピノザも『神学政治論』『倫理学』を書いている。

これらの思想家たちの仕事がなぜ近代政治哲学の原点かというと，前世紀の宗教改革とそれに引き続く内戦を通じての，ヨーロッパにおける主権国家体制の確立のなかで，政教分離をふまえて，宗教，神学とは切り離された営みとしての哲学，政治についての思考を始めたからである。

もちろん彼らもゼロから始めたわけではなく，伝統的なキリスト教神学の枠内での哲学・政治論からの遺産を継承しているし，またそれへの反逆においても，宗教改革前後のいわゆるルネサンスにおける古典復興，キリスト教以前の古代ギリシア，ローマの古典の読み直しによる学問・思想の発展からも恩恵を受けている。ニコロ・マキアヴェッリの主著『ディスコルシ』は古代ローマのリヴィウス『ローマ建国史』の読解であるし，ホッブズの政治理論も，古代ギリシアのトゥキディデス『戦史』の翻訳を通じて形成されてきたことを近年の研究は示している。大まかにいえば，政教分離，宗教から独立した世俗的な道徳，神の教えへの服従という形ではない道徳の探究が近代道徳哲学の重要テーマである。

近代の達成と価値

このように近代的な道徳哲学の主題が，神や上位の権威への服従から，自律，自

己統治へとシフトした（政治哲学の主題もまた，自律した市民の共同での自己統治にシフトした）際には，キリスト教以前の異教世界としての古典古代の参照が大きな手がかりとなっただろうことは想像にかたくない。

　やや単純化してまとめるならば，このようになるだろう。

●現代社会のような大規模で複雑な文明社会，メンバーの数が対面的相互作用による直接の見知りを不可能にするほどに多く，地理的にも広大で多様な生態的・物理的環境にまたがり，それゆえに集権的権力機構，法の成文化や司法の制度化によって実定化された法システム，そして市場経済などの活用なくしては一体性を保てず，存続もできないような社会においては，個人レベルで人々が自らの生において追求する価値は，あまりにも多種多様であり，しばしば互いに比較不能である。それゆえ人々を共存させる公共社会の基本枠組みは，具体的に人の生を導く実質的な価値（善）ではありえない。複数ある価値（善）のうちでどの価値が最も優先されるべきか，についての万人の合意はほとんど得られそうにない。現代の公共社会の基本枠組みはもっと抽象的で形式的な「正義」であるしかない。もちろんそれは生き方を導く具体的，かつ積極的な価値ではなく，そうした価値の追求にあたって人々が服さなければならない，どちらかといえば消極的な制約である。仮にそれにいくぶんかの積極性を認めることができたとしても，それは「生存」とか「安全」などのいわばミニマルな，ほとんど万人が最低限合意できるレベルの価値であり，具体的な生を送るにあたっては，人々はそれを目指すだけでは到底満たされないだろう。しかし

我々は，人々の具体的な生のレベルでの充実，価値ある人生の実現という課題を公共的目標とすることは断念し，個人の私生活に委ねなければならない——。

このような近代の達成から，我々は後戻りするわけにはいかない。しかしながら，このような近代的な展開のなかで，見落とされ，忘れ去られていった重要なものはないのだろうか？

2 正統への回帰としての徳倫理学

行為か，行為者か

「権利」に照準するいわゆるカント主義やその現代版としてのロールズ主義にせよ，「幸福」に照準するいわゆる功利主義にせよ，リベラリズムの倫理学は大体において「行いの倫理学」であるといえる。功利主義が個々の行為の具体的な帰結に，カント主義が行為の動機や，その一般的形式のほうに焦点を当てるという違いはあれ，いずれにせよ，道徳的な評価の対象となり，導かれ規制されるべき対象は人の行為であって，人の性格，人柄，「人となり」，人格そのものではない。

しかしながら我々の道徳をめぐる言論において，「善い行い」「悪事」という言葉づかいがまったく正常なものであるのと同様に，「善人」「悪人」あるいは「立派な人」「下種」といった語法もまたごく普通のものである。

ならば，そうした言葉づかいのレベルからさらに踏み込んで，いわば存在論的に，「道徳的評価がはたらく基本的な水準は行為

のレベルなのか，それとも行為者のレベルなのか？」という問い
が立てられうることになるだろう。

　考えようによっては，むしろ行為者のレベルに照準するタイプ
の倫理学，道徳理論のほうが，歴史的に見れば，また地理的に見
ても多数派，支配的であるのではないか，とさえいえそうだ。そ
れどころか，それにコミットする論者にいわせれば，そちらのほ
うが倫理学としてより正統的な，オーセンティックなものだ，と
いうことになる。これが今日ふうにいえば徳倫理学 virtue ethics
である。

德倫理学 ）　徳倫理学の基本発想は，個別の行為より
　　　　　　　もそうした行為をする能力，資質として
の徳 virtue のほうに道徳的評価の焦点を合わせ，個別の行為よ
りもそれをなした主体の性質，その「人となり」にこそ道徳的価
値（道徳的性質）を帰属させる，というものだ。

　これは西洋の道徳思想においては，仮に学的，理論的なそれに
限定したとしても，それこそアリストテレス『ニコマコス倫理
学』にまでさかのぼりうるものである。また中国においても，儒
教的統治思想の特徴としばしばいわれる（「法治主義」と対比され
る意味での）「徳治主義」の発想などは，広い意味での徳倫理学と
いえなくもない。

　徳倫理学の立場からすれば，ロールズ主義と功利主義の両陣営
は，道徳の焦点を，人格的存在者それ自体，その丸ごと総体から，
個別的かつ断片的な行為へと移動させた，という点においては同
じ穴のムジナであり，両者の対決はあくまでも，共通の土俵をふ
まえたうえでのものである，というわけだ。近代，18 世紀啓蒙
以降の道徳理論の主流はこの両者，カント的義務論とベンサム以

降の功利主義なのだが，徳倫理学の復興を目指す論者たちは，その両者を，それらがふまえる土俵ごと——つまりはリベラリズム全体をひっくり返そうとしているのである。

3 なぜ今，徳倫理学の復興なのか？

徳倫理がはらむ差別

現代の徳倫理学者たちは，近代道徳思想の展開は，政教分離や個人の自律の追求といった課題に注力するなかで，道徳の本義，すなわち徳の涵養の大切さを忘れてしまった，と論じる。——しかし，なぜそのようなことになってしまったのか？

たとえば我々は，近代のチャンピオンとしてのカント倫理学においては，人格の尊厳は軽視されるのではなく，逆にあまりにも重視されるがゆえにこそ，道徳的評価の直接的対象からは外されてしまうのだ，と解釈することができる。どういうことかといえば，総体としての人格を道徳的な評価の対象としてしまうと，その評価に応じて複数の人格の間での格付けが可能となり，ひいては人格の間での差別にまで行き着きかねないのだ。

実際，身分的な差別を許容する古代や中世における徳倫理学は，原点たるアリストテレスを引くまでもなく，そうした人格的差別を組み込んだ道徳理論を提示していた。道徳的な尺度から見て，優れた人間と劣った人間の間には歴然たる差があり，それに応じて，道徳的に有意味な差別，というものが人と人との間に設定されうるのである。

伝統的≒正統的倫理学たる徳倫理学においては，具体的かつ実

質的な理想的人格のヴィジョンが想定されており，現実に存在する具体的な人間はその理想に近づくべく陶冶されるべき存在であり，またその理想を尺度として評価され，格付けされる存在でもある。この理想からあまりに未熟であったり，あるいは堕落していたりして遠いとされると，人間であってもいわば「人外」のもの扱いされることさえある。アリストテレスの奴隷制正当化論（「生来の性質によって自由人にふさわしくない人間というものがある」）を想起されるとよい。

「人格」のヴィジョン

これに対して近代以降（宗教改革以降，世俗化以降，啓蒙以降）の倫理学（たるカント主義や功利主義その他）においては，「人格」のヴィジョンは，徳倫理学におけるような積極的で具体的な理想像としてよりも，「人格的存在」と我々（すでに「自分たちは人格である」という自己理解を共有しているグループである）が見なすであろう（つまり「我々人格的存在」が「我々の仲間，同類」と見なすであろう）ものなら最低限備えているであろう要件のリストとして，そのリストを満たすであろう多様な人々，ならびにそれに準ずる者たちのクラスとしてイメージされている（第10回「生命医療倫理学」での「パーソン論」も参照）。

　模範的，理想的人格というものの存在が否定されたわけでは必ずしもない。しかしながら近代化の進行とともに，歴史的，地域的に，共同体によって細かなところではさまざまに異なる多様な「理想的人格」のヴィジョンが乱立するなかで，それらを共約可能にする「人格」ヴィジョンはいきおい抽象的なものになっていかざるをえなかった。

　極端にいえば，カント主義や功利主義が代表する近代的な道徳

思想は，人格的存在のその具体的な内実，古典的な徳倫理学ならば「徳」と呼ぶところの具体的な性質，性向，ポテンシャル等々について，それらを手つかずに，「自由」にしておく——あるいは外的な介入から（解放するという意味で）「自由」にしたうえで，つまり人格的存在の「人となり」についてはそのあるがままを尊重し「自由」にしたうえで，道徳の直接のターゲット，それが制御し導くべき対象を，人格的存在がなす具体的な行為のほうにしたのである。

そう考えると，近代の倫理学・道徳哲学が「人となりの倫理学」から「行いの倫理学」へとシフトしていったこと，人格を軽んじるのではなく，尊重するからこそ徳への関心を低めていったことには，致し方のないところもあるように見える。

徳倫理学の難点 これ以外にも現代の徳倫理学においては，規範倫理学として見たとき，カント主義や功利主義と比較したときに，いくつかの難点もまた感じられる。つまりは，具体的でわかりやすい政策提言や制度設計案がそこからはあまり出てきにくいところだ。ロールズの『正義論』は経済学や憲法学の蓄積をふまえて，かなり重厚な制度設計と政策提言を提示しているが，伝統的に見ればカントの法哲学的著作もかなりの具体性を持っている。また他方ベンサムやミルのこの領域での仕事もかなりのものだ。それらと比較したとき，現代の徳倫理学（後にも触れるが，政治哲学的には共同体主義 communitarianism と呼ばれることが多い）からは，そこまで体系的で実践的な政策提言は出てこないうらみがある。あえていうなら，カント主義が憲法体制などの基本的な制度設計，功利主義がより各論的な政策提言に力点を置くのに対して，徳倫理学，共同体主義政治哲学の力点

は，政治プロセス，人々の積極的な政治参加の促進，そこで正しく政治参加の主体たりうるための能力と見識＝公民的徳 civic virtue の涵養のほうにある，とはいえようが。

　それにしてもなぜ，20世紀末ごろから，徳倫理学の復興が起こってきたのか？　それについてはメタ倫理学を経由した後で，あらためて考えることにしよう。少しだけ先取りしておくと，功利主義，カント主義と徳倫理学の対立は，そもそも道徳の本性とは何か，人間とはどのような存在か，についての理解をめぐるメタ倫理学レベル，さらにいえば存在論レベルの対立をもはらむものでもあることは，これまでの説明を見れば明らかであろう。すなわち，道徳的性質の担い手が個別の行為なのか，それとも行為の主体なのか，という対立は，さらにそこから，そもそも行為とその主体との関係についてどのように理解するかをめぐっての対立へと発展させていくこともできるからである。さらに「道徳的評価の基本的な対象は行為か，それとも行為主体＝人格か？」という問いからは，「人格は個別的な行為の集積にすぎないのか，それともその反対に，独立した存在者としての『行為』などというものはそもそも存在しないのか？」へと進んでいくこともできるからだ。

読書案内 ●　●　●

　実はサンデルはロールズを批判して現代における徳倫理学の復興を唱えた論者の一人であり，今回も『これからの「正義」の話をしよう』は役に立つ。
　もうちょっと哲学的にちゃんとした徳倫理学の入門書としては**フィリッパ・フット『人間にとって善とは何か──徳倫理学入門』**（筑摩

書房，2014 年）があるものの，入門書のくせに難しい。哲学専攻でもないのに読むのはつらい。メタ倫理学入門でもある。

ロールズ批判からの徳倫理学の復興についてはほかにアラスデア・マッキンタイア『美徳なき時代』（みすず書房，1993 年）や，チャールズ・テイラー『自我の源泉──近代的アイデンティティの形成』（名古屋大学出版会，2010 年）といった大著の翻訳がある。

いずれにしてもこの議論の原点はアリストテレス『ニコマコス倫理学』（岩波文庫ほか）である。「行いの倫理学」と「人となりの倫理学」の対比については稲葉『宇宙倫理学入門』第 7 章をも参照のこと。

近代倫理学史の基本文献（研究者向け教科書）としては，J. B. シュナイウィンド『自律の創成──近代道徳哲学史』（法政大学出版局，2011 年）がある（分厚いので，眺めて拾い読むだけにしておこう）。

本書では西洋的伝統の圏内での議論に終始してしまったが，校正中に中村隆文『世界がわかる比較思想史入門』（ちくま新書，2021 年）が刊行されたので，比較道徳思想についてはそちらを参照されたい。

第5回

メタ倫理学 I　表出主義

1　メタ倫理学とは何か？

倫理学各論の位置づけ

　ネット上に無料公開されている教科書，ディモック＆フィッシャー『Aレベルの倫理学』では，サッカーにたとえて，応用倫理学は選手，規範倫理学は審判，メタ倫理学は解説者，という言い方をしていたが，わかったような，わからないような言い回しである。私ならむし

ろ，こんなふうに説明する。

●規範倫理学・応用倫理学はそれ自体道徳の内側に属し，道徳の一部であるのに対して，メタ倫理学は道徳の外側に立っている。

　規範倫理学は人の善い行い，よい生き方や公正な社会とは具体的にはどのようなものかについて考え，構想し，その実現のための方途を探る営みであるのに対して，メタ倫理学とは，そもそも「よい」とか「正しい」とかいうのはどういうことか，人はなぜそのような枠組みでものを考え，それに制約されて生きているのか，について考える営みである。

　広く読まれて邦訳もされた古典的教科書『倫理学』で，ジョン・マッキーはこの2つのレベルを，道徳に関する一階の問題と二階の問題というふうに呼び，両者を区別する。

　たとえば二階のレベル，こちらがメタ倫理学のレベルだが，そこで「道徳などというものは本当にはない（ただ人が勝手に作ったお約束や主観的な思い込みがあるだけ）」と考えながら，一階のレベル，つまり日常的な実生活においては，常識的に道徳とされているもの（規範倫理学はそれを理論的学問的に洗練させた以上のものではない）に普通に従って生きている（その人の考えではたんなるフィクションであるはずなのに！），ということは十分に可能である。マッキー的にいえば逆もまたしかりで，道徳なるものの実在を信じながら，自分はそれにまったく縛られない生き方をする，ということも可能だ。

　もちろんメタ倫理学と規範倫理学とは，前回の終わりにも示唆

したとおり，実際には無関係ではない。規範倫理学的研究では，必ずしもあらかじめ確定された「よさ」「正しさ」を前提として，人の行いや社会の仕組みをよりよく，より正しくするにはどうしたらよいか，を考えるにとどまらず，「よさ」「正しさ」もひととおりではないこと，また「よさ」「正しさ」の関係も自明ではないことを認め，複数の「よさ」「正しさ」の比較や「よさ」と「正しさ」の異同や関係についても考える。こうした作業は突き詰めるとメタ倫理学的な問いにつながっていかざるをえない。

　また現代の徳倫理学者は，やや時代錯誤的に「徳」の復興にコミットするその規範的主張に説得力を持たせるため，メタ倫理学的には実在論の立場を推すことが多く，これは講義のはじめに述べた，現代メタ倫理学における実在論の影響力の増大にもつながっている。

　それでもマッキーが指摘するような分離も，哲学者の間でさえ珍しくはない。功利主義の立場から現代の応用倫理学をリードしてきた一人であるピーター・シンガーは，長らくメタ倫理学的には道徳的反実在論の立場をとってきたが，ごく最近になって実在論者に転向した。しかしこの変更がこれまでの彼の規範倫理学上の立場を変えることはほとんどないらしい。

メタ倫理学の論争状況　現代のメタ倫理学の論争状況を整理する際には，前出のディモック＆フィッシャー『Ａレベルの倫理学』にならって，2つの対立軸をクロスさせて整理するとわかりやすい。

●認知主義（道徳は認知の対象であり，道徳的判断は客観的に真偽が問える）vs. 非認知主義（道徳は認知の対象ではなく，道徳言明の

図5-1　道徳的判断についての対立軸

	認知主義	非認知主義
実在論	認知主義的実在論 　自然主義的実在論 直観主義／非自然主義的実在論	非認知主義的実在論 直観主義／非自然主義的実在 論（カヘイン説）
反実在論	認知主義的反実在論 　錯誤理論（マッキー説）	非認知主義的反実在論 表出主義(情動主義, 指令主義) 準実在論（ブラックバーン説）

真偽は問えない）

●実在論（道徳的な真理というものが成り立つ）vs. 反実在論（道徳的な真理というものはない，あるいはそもそも道徳について真偽は問題にならない）

　この対立軸を2×2で掛け合わせれば，以下の4つのヴァリエーション（図5-1）が生じる。

●認知主義的実在論：ここには，自然主義的実在論といわれる立場と，直観主義を代表とする非自然主義的実在論とが属する。前者は，道徳は客観的な事実であり，突き詰めれば通常の実証科学的アプローチで解明可能だとし，後者はそれを否定する。
●認知主義的反実在論：錯誤理論（マッキー）＝道徳とは虚構である，とする立場。突き詰めると後出の表出主義と区別がつけにくくなることもある。
●非認知主義的実在論：（ガイ・カヘイン）——いっけん突拍子もないが，神学には対応物がある（「神は我々の認識能力を超えていて，そもそも存在するかどうか我々には知りえない。にもかかわら

ず神は存在する」の「神」を「道徳」に置き換えたら？）。カヘイン自身によれば，実は直観主義／非自然主義的実在論は突き詰めればこちらになるはずである。

●非認知主義的反実在論：表出主義（情動主義，指令主義）——道徳は客観的現実ではなく，人間の主観の産物だとする。

まずはこの最後の，非認知主義的反実在論から見ていこう。

2 情 動 主 義

| メタ倫理学のはじまり | メタ倫理学が自覚的にはっきり打ち立てられたのは，20世紀前半，イギリスの哲学者 G. E. ムーアの『倫理学原理』とそれへの反応を通じてであるらしい。ここでのムーアの主張は結論的には「道徳は客観的に実在するが，自然科学の方法では捉えられない。ではなぜそれが実在するといえるかというと，我々人間はそれを直観的に認識することができるからだ（その直観の具体的メカニズムは知らないが）」という身も蓋もないものだった（道徳的な善のみならず美についても同様に考えていたらしい）。この結論自体を素直に受け取る人は当時もほとんどいなかったようだが，問題の立て方や論証の仕方において，この著作は後世に大きな影響を与えた。

ムーア自身の立場は特異な認知主義的実在論——直観主義だったわけだが，同時代におけるムーア的議論の直近での素直な継承は，むしろ反実在論的なものだったといえよう。彼らによれば，ムーアのいうとおり道徳は自然科学の方法では認識できないが，

ムーアのいう直観なるものには，自然科学並みの普遍妥当性，客観性は期待できない。それゆえ，道徳は存在しない。だとすれば，我々が道徳と呼んでいるものは何であるのか？　より具体的にいえば，道徳的判断とはいかなる判断なのか？　ムーアを含めた道徳的実在論によれば，道徳的判断もまた自然科学的命題と同様に，その真偽を客観的に問える事実判断だということになるが，具体的にその道徳的認識方法が何かというと「わかる人にはわかる」という「直観」でしかないという。しかしそれはただの独断ではないのか？──ということになる。

| 情動主義における道徳 |

むしろムーアにインスパイアされた哲学者たちの多くによれば，道徳的判断は実は「判断」というより主観的な好き嫌い，支持不支持の表明にすぎない。このような議論を「情動主義 emotivism」と呼ぶ。

　情動主義によれば，道徳言明は，その発話主体の「人はこうあってほしい，世の中こうあるべきだ」という主観的な希望の表出以上のものではない。我々が「道徳」と呼んでいるものの正体はこれだ，という議論は，なるほど道徳の外側に立つ「メタ倫理学」である！

　しかし本当にこの情動主義の理論は，我々が「道徳」と呼ぶものの本性を，正しく捉えているだろうか？

3 情動主義からその先へ

| 情動主義の限界 |

そもそも情動主義によっては，道徳的判断の普遍妥当性が説明できない。より正

確にいえば，仮に「人々の道徳言明は実際にはめいめいの主観的希望の勝手な表明にすぎない」ということを認めたとしても，あからさまにたんなる主観的希望の独断的表明でしかないものを我々は道徳的判断とは認めないだろう。たとえそれがとりあえずはその発話者の主観の表明だとしても，「自分としてはこう思う，というだけではない。みんなにも自分の判断の正しさを認め共有してほしい」というところまでをそこに含み，さらに実際に多くの人に受容されるようでなければ，我々はそれを道徳言明とは認めないはずである。

　すなわち，道徳言明はたんなる主観的希望「自分は世の人々にはこうしてほしい」を述べるだけではなく，すべての人がそれに合意できるような内容を持っていなければならない。顧みればカントの「実践理性」「定言命法」，そしてロールズの「原初状態」からの正義の二原理とは，このようなものであった。

道徳的判断の普遍妥当性

この方向で，道徳に関する反実在論をとりつつ，道徳的判断の普遍妥当性を説明しようという立場が「表出主義」と呼ばれるが，そのなかにはR. M. ヘアの「指令主義」やアラン・ギバードの「規範表出主義」，サイモン・ブラックバーンの「準実在論」などがある。

　「功利主義」の回でも紹介したように，ヘアはこの「指令主義」からの自然な展開として功利主義的な規範倫理学の主張を導き出し，その体系性もあって20世紀後半の英語圏の倫理学において大きな影響力を持った。ヘアにいわせれば道徳的言明は客観的な事実についての記述ではなく発話者の（広い意味での）命令（日常的な意味での依頼も含む）であり，その命令の宛先が特定の誰かで

はなく潜在的なものまで含めてのすべての聞き手に対してである，という点で普遍妥当性が要求されている（聞き手の誰もがそれに従いうるのでなければならない）。「行為 A をすべきである」という発言に同意した人は，実際に行為 A をなさなければ不誠実だということになる，という意味合いで「行為 A をすべきである」という言明は指令的であり，道徳的言明とはそのようなものなのだ，というのがヘアの発想である。ここで肝心なのは，道徳的言明の発話者とその受け手の，その言明で与えられた指令へのコミットメントであり，道徳的発話はその受け手を潜在的には全人類（ここでの「人類」「人」の定義が厄介なのであるが，それについては第10回に見る「パーソン論」などを参照）としており，そこでその普遍妥当性が担保される。だとすれば行為 A の客観的性質がどうこうということ自体は問題ではない，というわけだ。

　この方向性をさらに推し進めたのがブラックバーンの「投影説」による「準実在論」ということになるだろうか。ブラックバーンはものごとそれ自体の性質としての道徳的な性質というものは存在せず，人がそのものごとに対して価値づける（すなわち「投影する」）はたらきがあるのみだ，とするが，それが合理的なものであるかぎりは決して恣意的ではなく，ほかのものごとへの価値づけとの整合性や時間の流れのなかでの一貫性を保つために安定的にならざるをえない。そうなるとあるものごとに投影された価値はほとんど客観的な普遍妥当性を持つように見えるので，それについての言明＝道徳的言明には真偽を割り当ててもかまわなくなる，というのである。

　しかし，ヘアの指令主義ならともかく，このブラックバーンの

「準実在論」までくると「実在論」と実質的にどこが違うのか？　という疑問が生じてこざるをえないのではないか？　それについて，回をあらためて検討してみよう。

読書案内

　メタ倫理学は倫理学のハードコアであり，慣れるまで無味乾燥，どうしても慣れることのできない人もいるので，入門書も少ない。そのなかで貴重なのは，**佐藤岳詩『メタ倫理学入門──道徳のそもそもを考える』**（勁草書房，2017 年）であり，哲学専攻の学部生にはちょうどよい。比較的安価なメタ倫理学の入門書としては，**大庭健『善と悪──倫理学への招待』**（岩波新書，2006 年）がある。ブラックバーン的準実在論に肩入れする立場で書かれているが，新書のわりに難しい。このほか，最初に紹介した概説書・入門書の記述も参考にしてほしい。

　ムーアの古典は翻訳がある。**G. E. ムア『倫理学原理』**（三和書籍，2010 年）。

　また，ヘアの主要著作も翻訳され，研究もいくつかある。集大成的なものは前出（第 2 回）の **R. M. ヘア『道徳的に考えること』**になる。

　ブラックバーンの日本語版論文集は，**サイモン・ブラックバーン『倫理的反実在論』**（勁草書房，2017 年）で，ブラックバーン自身によるもっと平易な入門書もある。**サイモン・ブラックバーン『ビーイング・グッド──倫理学入門』**（晃洋書房，2003 年）。

　ジョン・マッキー『倫理学──道徳を創造する』（暫書房，1990 年）は，メタ倫理学・規範倫理学・応用倫理学に目を配った古典的な教科書で，1970 年代に書かれたものの今日でもよく参照される。ただし邦訳版は現在入手困難なので，大学図書館などで参照してほしい。

第6回 メタ倫理学Ⅱ　実在論

前回の復習をしておこう。

現代のメタ倫理学の論争状況を整理する際には，「認知主義 vs. 非認知主義」「実在論 vs. 反実在論」——という2つの軸をクロスさせると整理しやすい。

●認知主義的実在論：自然主義的実在論，直観主義
●認知主義的反実在論：錯誤理論（マッキー）＝道徳とは虚構である
●非認知主義的実在論：（ガイ・カヘイン）

●非認知主義的反実在論：表出主義（情動主義，指令主義），準実在論

　今回は道徳的実在論について，自然主義的なそれに重点を置いて見ていこう。

1 「道徳が実在する」とはどういうことか？

道徳的実在論の分類　　「道徳的実在論」というときの「道徳が実在する」とはいったいどういうことか，を整理してみよう。道徳的実在論の本流は認知主義的実在論なので，これに照準を合わせると，

① ものごと（基本的には人間的・社会的な出来事，人・人々の行いやありさま）の善悪・正邪は観察者の主観次第ではなく，客観的な事実として決まっている。
② 人間の道徳的判断はこの客観的な道徳的事実についての認識・判断である。

ということになる。非認知主義的実在論の場合には②を否定する。これはおそらくは「神は実在するが人間はそれについて正しく知りえない」というある種の神学的立場のアナロジーである。
　①を基本的に受け入れたうえでの②とその否定の可能性についてもう少し考えるならば，人間の道徳的判断は客観的な道徳的事実について，

a. 原理的には知りえるが実際には完全には知りえない。

b. 原理的にもそのすべては知りえず，憶測や主観的思い込みが混入する。

c. 原理的にまったく知りえず，憶測するのみである。

といった程度の差の可能性を考えることができる。このうちaは基本的には普通の認知主義的道徳的実在論と解してよいだろうが，bとcは非認知主義的道徳的実在論のマイルド版とハード版とでもいった位置づけもできそうである。

真理条件意味論からの
アプローチ

ここで少し回り道をして，認知主義的道徳的実在論の①と②のセットを言語哲学的に捉えなおしてみよう。そうすると，これは「道徳的判断を表す道徳的な命題，その言明の真理条件が，その命題が表現している道徳的事実の成否になっている」と言い換えられよう。これは，道徳的事実が事実の一種として存在する，ということを認めるかぎりにおいて，真理条件意味論の枠内に収まるものとして解釈できる。

　少し横道にそれるが，ドナルド・デイヴィドソンによって確立された真理条件意味論とは以下のような考え方だ。まず次の文章を見てほしい。

●命題「2020年6月27日の朝，東京の空は曇っている」が真であるのは，2020年6月27日の朝，東京の空が曇っている場合であり，かつその場合に限る。

何を当たり前なことを，と思われるだろうが，このような文，
「命題 T が真であるのは実際に T であるとき，かつそのときに
限る」という形式の文を T 文と呼び，これを意味論の中軸に据
える考え方が真理条件意味論である。言葉の意味の基本単位を文
とし，文の意味は基本的には，文で表されている命題が表現する
事態である，というストレートな考え方で，文を構成するより小
さな単位（主語とか述語とか）の意味は，この文全体（あるいは命
題）が意味を持つような単位として成り立つためにどのような貢
献，機能を果たしているか，という観点から捉えられる。

　この考え方は意味についての全体論 holism であるのみならず，
実在論 realism——道徳的実在論とは区別される，言語哲学，意
味論のレベルでの実在論，あるいは真理の対応説——に則ってい
る。文「2020 年 6 月 27 日の朝，東京の空は曇っている」が発話
されるときに，その文が真であるためには，実際に 2020 年 6 月
27 日の朝に東京の空が曇っていさえすればよい。この文の（口頭
であれ書記であれ）発話者がそのことを知っていようがいまいがど
うでもよい。事実としてその文で記述される事態が成り立ってい
さえすればよい。また成り立っていなければ偽である。いずれに
せよこの文で表される命題は，真であるか偽であるかのどちらか
である。それはその発話者が，この命題の真偽を知っていようが
いまいが変わりはない。

| 正当化主義意味論 |　このような考え方に対する，いわば意味
に関する反実在論（もちろん道徳的反実在
論では直ちにはない）の考え方もあって，代表的なものは検証主義
意味論とか，正当化主義意味論とか呼ばれている。文というもの
は基本的に誰かが発話する・したものであるから，発話者がその

意味内容に対してコミットしていなければならない，という考え方がその基盤にある。発話者が実際に 2020 年 6 月 27 日の朝に東京の空が曇っているかいないかを知ってそう発話するのと，知らずにそう発話するのとでは，無視できない違いがある，と考えるのである。

　もちろん，人は自分が実際に知っている，ないし確信していることについてしか発話できない，より正確にいうと有意味に（事態を記述する命題の場合には，それが真か偽か区別がちゃんとつくように）発話できない，すべきではないというのは厳しすぎる要求である。それでも，人が有意味に——この場合は発言したことの真偽の区別がつくように——発話するためには，発言したことの真偽自体は知らなくとも，発言したことの真偽を確かめるにはどうしたらよいか，は知っており，原理的には確かめることができなければならない……デイヴィッドソンを批判してマイケル・ダメットが唱えたこのような考え方を，先に触れたように検証主義，正当化主義と呼ぶ。文の意味とはその真理条件ではなく，その主張可能条件，正当化条件である，という考え方だ。

　実際，あらゆる命題の真偽が確定しているわけでは必ずしもなく，真とも偽ともいえないようなものがたくさんある。もちろん真理条件意味論の立場からは，それはただ人間がその真偽を知らないだけで，実際には客観的にその真偽が決まっている。真理条件意味論によれば，たとえば定理として証明されていない数学的予想も，まだその真偽が知られていないだけで，その真偽自体は確定しているはずである——長らく証明されていなかったけれども結局証明されたフェルマー予想（フェルマーの定理）がそうだったように。

しかし正当化主義の立場からはそうではない。真偽不明の予想は永遠に証明されないままかもしれない。そしてそのような命題については，真とも偽ともいえない，というべきなのだ。

　真偽の不確定性がありうるのは，このような深遠っぽい例だけではなく，もっと卑近な例でも同様である。たとえば「すべてのカラスは黒い」という命題の真偽は，真理条件意味論的には明らかで，一羽でも白いカラスがいれば偽で，そうでなければ真である。しかし正当化主義的にいえば，カラスの数は潜在的には無限なのだから，すべてのカラスを調べ上げることは不可能である。それゆえに「すべてのカラスは黒い」という命題は，厳密にいえば真でも偽でもない。同様に未来の出来事や，現実とは異なった可能性についての命題の多くは，真理条件意味論的にはその真偽は確定しているが，正当化主義にとってはそうではない。

　正当化主義の立場をとると「すべてのカラスは黒い」のような全称命題が立てにくくなる。ということは，科学の命題の多くは一般法則に基づいた全称命題であり，科学の仕事には一般法則に基づいて未知の可能性について予測を立てることが含まれているので，正当化主義は科学の障害になるのではないか？　という疑問が浮上する。ただし正当化主義者のほうでは，自分たちの立場は別に科学の邪魔にはならず，むしろ科学的により頑健だ，とさえいうかもしれない。というのはこの立場からすれば，一般法則の存在主張を含めた科学の命題は厳密にいえばすべて仮説なのであり，間違っているとわかれば，あるいは信用ないとなればさっさと捨てられてしまうものなのだ。逆に仮説であるとわきまえているかぎり，一般法則についての命題を「当面の最良の仮説」として保持することに問題はない。

だが，間違ったものであったことがわかった仮説は，たとえ普遍妥当性を要求する一般法則についてのものであろうと棄却するという科学的探究のやり方を，そのまま道徳にも延長してよいものだろうか？　という疑問も浮上する。重要な道徳原理を「実は暫定的な仮説にすぎない」と位置づけて，はたして我々の社会的生活は成り立つものだろうか？　という疑問が生じる。逆に「だからこそまさに道徳は客観的な実在ではなく，主観の投影，共同主観的な構築物，約束事，規約と考えるべきだ」という，道徳的反実在論寄りの結論も出てくるだろう。

| 性質の実在論 | 実在論的意味論にコミットしたうえで，もう少し踏み込もう。道徳的判断が真 |

であるとは，普通どのようなことか？　たとえば「人を殺すのは悪いことである」が真であるとしよう。先の例に従えば，

　●命題「人を殺すのは悪いことである」が真であるのは，人を殺すことが悪いことである場合であり，かつその場合に限る。

となり，「人を殺す」という行為カテゴリーに対して「悪い」という形容が当てはまる場合である。それではここで「悪い」という形容が当てはまるとはどういうことか？　ここでは道徳的実在論の検討をしているわけだが，念のために前回の反実在論（表出主義）的立場を思い出すと，「人を殺す」という行為カテゴリーに対してあらゆる人が「（道徳的に）悪い」という評価を与える場合，ということになる。それに対して道徳的実在論の立場をとるならば，一番スッキリした捉え方は，「人を殺す」という行為カテゴリーに「（道徳的に）悪い」という性質が客観的事実として備

わっている場合，となるだろう。

　以上をより一般化して言い直すと，道徳的判断が「あるものごとは善い／悪い」といったものだとすれば，それは主観主義的，あるいは非認知主義的にいえば（もっぱら）ものごとに対する話者の評価の問題であり，客観主義的，認知主義的にいえば（基本的には，話者によるその評価に先立って）ものごとの性質の問題である（評価は主観的好みの表明というより，性質の客観的な認知判断ということになる）。なんらかの形での性質についての実在論をとれば，ここでの問題は「少なくともある種のものごとには道徳的性質が客観的な事実として備わっており，道徳的判断とはその認知である」ということになる。

　実はここで，我々は存在論・形而上学的に，けっこう踏み込んでしまっていることを告白しなければならない。つまり「性質」というものが存在する，という立場がここで選択されてしまっている。たとえば「赤いリンゴが存在する」というときに，我々はリンゴの実が実在することには当然にコミットしているが，「赤い色が存在する」ということにまでコミットしているとはかぎらない。赤いリンゴの「赤い（色をしている）」という性質は，リンゴそのものから引き離して区別できる独立の存在者ではない，という考え方は，むしろ普通だろう。では「赤い」という性質で表されているのは，いったいどのようなことか？

　ひとつの考え方は，「(性質に関する)唯名論（名目論）nominalism」というやつである。リンゴのすべてが赤いわけでもなければ，リンゴ以外にも赤いものはたくさんある。それらありとあらゆる赤いものすべてをひっくるめた集合が「赤い」ということの

実体であり、ほかにはない。ややこしくなるが、この集合すべてに共通する何かが、この集合それ自体とは別に何かあって、それが「赤い」の実体だというわけではない（後で見るとおり、もしそんな別の何かがあるなら、それは「赤い」という性質についての実在論である）。この集合それ自体が「赤い」の実体である。すなわち「赤」「赤い××」とは実体を欠いたたんなる名前でしかない。「リンゴ」という名前のほうはそうではなく、その名前によって指し示された実体としてのリンゴの実の個体があり、またその集合にも「リンゴ」という名前が当てられる。そしてより基底的なのは個体のほうである。それに対して「赤」は違う。「赤」が指し示すのは「すべての赤いもの」の集合だけである。そして集合それ自体は独立した存在者ではない。性質についての名目論とはこのようなものである。

　これは簡単にいえば「性質とは実体としては個体の集合にほかならず、性質を表す言葉（基本的には述語）はその集合を指示するが、しかし本当にそれ自体として存在するのは個体だけであって、集合はそれら個体を認識・言及する主体がそれらをひとまとめに扱うために作り上げたものにすぎず、性質を表す言葉どころか、性質それ自体が、認識・言及から独立して存在するものではない」という立場になる。しかしながらこれは常識的に考えるとおかしい。適当なものを寄せ集めて集合を作りそれに適当な名前をつけることなどいくらでもできる。ことに20世紀の分析的伝統に立つ哲学者はこの手の思考実験を無数に繰り返してきたが、わかりやすいところで「赤」に引きつけていえば、たとえば我々は世界のすべてを「赤いものすべての集合」と「赤くないものすべての集合」とに分けることができるが、前者と後者の間にどうに

もならない質的な違いを感じずにはいられない。すなわち前者の構成要素すべてに対して我々はやはり何か共通するものを感じる，あるいは，前者が寄せ集められたことには恣意的ではない理由がある，と感じざるをえないが，後者に対してはそうは感じられない。あるいはたんなる寄せ集めということであれば「2020 年 6 月 27 日に稲葉振一郎の研究室内にあるものすべて」という集合を考えることができて，それと「赤いものすべて」の集合との間には対等性が成り立つ——後者から「赤い」という性質を取り出せるように，前者からも「2020 年 6 月 27 日に稲葉振一郎の研究室内にある」という性質を取り出せる，という考え方には，ひどく不自然なところがある。

　そうなれば「赤い」ということを含めた「性質」なるものが素直にそれとして実在することを認める，という戦略のほうが自然だろう。というよりこのような「性質」の実在を認めずしては実証的な自然科学も成り立たないと考えるほうが普通である。ところが「性質」がそれ自体として存在するということを認めたところで話が終わるわけではもちろんなく，むしろここからが本番である。つまりそれはいったいどのような存在者なのか？　ということが問題となる。古典的な考え方は，性質は個体とは根本的に異なるあり方をした存在者たる「普遍者 universal」だというものだ。どう根本的に異なるかといえば，1 個 2 個と数えられない，時空的に局在しない，とか……といった具合である。といったところで普遍者のいったい何たるかがすぐに明らかになるわけではないし，逆に普遍者の実在性を強く認めると，今度は個体のほうがそもそも何であるのかがよくわからなくなる。個体が時空的なその存在の位置だとか，質量だとか，色だとか，場合によっては

気質とかを備えているとはどういうことなのか，個体と性質は普通は区別されるものだが，だからといって一切の性質のない個体，裸の個体などというものがありうるとも考えられない，では個体とは何か，むしろ個体とは性質の束のことなのか──といったふうに。

さらにもちろん，性質にもいろいろなレベルのものがある。たとえば「赤い」という性質と「猫である」という性質とは大いに違う。どういうことかといえば「赤いものすべての集合」と「猫であるものすべての集合」は大いに違うし，我々は普通前者と後者との間にはやはり根本的な質的断絶を感じる。つまり前者の集合は多分に名目的，恣意的，人工的なものだが，後者はそうではない，と。すなわち，広い意味での「種」についての実在論という難問がここに浮上してくる。「種」は一面で複合的な性質，性質の束として捉えることもできるが，他方で「種」は1個2個……と数えられる個体としての側面を持つ，と通常考えられている。たんなる性質と「種」であるような性質との違いは何か，といった問題がここから生じる。

道徳的実在論の
存在論的位置づけ

ここでは，性質の存在論についてこれ以上深入りすることは避け，以下のようにいうにとどめる。道徳的実在論を，道徳的判断の真理条件意味論にとどめることなく，その判断の対象たるものごとの存在論にまで踏み込んで考えるならば，ひとつの戦略は，ものごとの道徳的価値を一種の性質と捉え，性質についての実在論の一環として道徳的価値の存在論を位置づける，というものである，と。

これに対して，道徳に関する反実在論，非認知主義，表出主義

は，道徳的価値や道徳的性質などという客観的実在，存在者などはなく，評価は対象たるものごとの性質の認知ではなく，あくまでも評価主体の対象への態度（そしてその対象への投影）でしかない，という立場である。この場合，性質の実在論一般を拒絶するか，あるいは性質の実在論自体は否定（性質全般についての唯名論）せずとも，道徳的性質の実在は否定し，評価者が貼ったラベルにすぎない，という道徳唯名論をとることもできる。

2 自然主義的道徳的実在論の試み

機能としての価値

さて，仮に問題となるのがものごと（実際には人の振る舞いやありさまや政策や制度など）の道徳的価値の実在性だとして，それらがはたしてどのような性質なのか，というのは問題である。現代の徳倫理学者のなかで，とりわけ自然主義的なアプローチをとる論者は，このような道徳的価値をある種の機能ないしその類縁にあるものとして理解しようとする。典型的なのは人工物の価値はその道具としての機能にある，というものだ。

自然物についても，その道具としての利用価値，あるいは意図的な利用に供されないまでも，人間の生存と繁栄にとって寄与してくれているような作用は，その「価値」であるといえる（一部の論者たちはアリストテレスを引く一方で進化生物学も援用し，価値は生物学的基盤を持つ現象であり，ある生き物の生存，繁栄に寄与する作用，機能が最広義における「価値」であると論じる）。

もちろん価値のすべてが道徳的価値であるわけではなく，道徳

的価値はそのほんの一部であるが，このタイプの道徳的実在論においては，価値一般がある種の傾向性として客観的に実在する，と考え，道徳的価値はその一部となる。功利主義でいうところの快楽，効用も価値づけとしてパラフレーズし，ものごとが人に快楽・効用を与える機能を功利主義的な意味での価値であると定義できよう。価値論という観点からすれば倫理学は，公的価値の理論，ないしは私的価値と公的価値の関係についての理論を基軸とすることになる，と考えることもできようか。

デイヴィドソン＝
ヒース的道徳的実在論

ここで，この自然主義的道徳的実在論の方向での私論を簡単に提示する。

まず道徳的価値を含めた価値の何たるかについては，ここではものごとの客観的な性質として提示したが，むしろその理解しやすい典型は（意図的に設計されたものであれ意図せざるものであれ）人工物の機能，使用価値であり，自然の事物についても人間の必要，欲求充足に好都合な性質があれば同様に価値と見なしてよい，とした。ということは，価値は客観的な性質ではあるが，人間の側の評価，価値づけと切り離して理解することはできない。だから，価値に関して投影説的な説明を行うことは可能である。問題は，なんでもかんでも好き勝手に投影すればそれが価値を持つことになるというわけではない，ということだ。

では価値づけとは何か？　有力な理論はやはり価値の欲求説，価値づけとは欲求のことだ，という議論であるが，薬物依存者の薬物への欲求のようなケースを処理するために，価値づけは欲求と完全にイコールではなく，理想的条件下での合理的欲求だとか，あるいは二階の欲求──Ａを価値づけるとは，ただたんにＡを

欲するだけではなく，Aを欲することをも欲する，ということだとする。正気の薬物依存者は，薬物を欲しても，薬物を欲すること自体は欲してはいない。

　このような形で価値づけを合理的な主体の欲求と見なした場合，それが合理的——とりあえずは少なくとも一貫性を保って整合的——であれば，同時に，そのような欲求の体系を備えた主体は，欲求の対象となっている諸事態について，合理的に一貫した予想（これが現代哲学的なジャーゴンでは「信念」と呼ばれる）を立てているはずだ，といえる——ドナルド・デイヴィドソンは意思決定理論における期待効用定理を援用して，そのように論じる。さらに踏み込んでデイヴィドソンは，このように合理的な信念と欲求を持つ主体たちは，相互作用のなかで互いを理解しようとするうち，私的な信念と区別された公的な意味の体系を獲得していく，とまで論じる。たとえば「私はAが起こる（たとえば「明日雨が降る」）と思うけど，あなたはそうは思わないようだね」というとき，互いの信念はズレて食い違っているが，ズレているという認識自体は共有されているし，何よりズレの焦点となる「Aが起こる（たとえば「明日雨が降る」）」という事態の可能性の認識が共有されている。このようなメカニズムの特徴をデイヴィドソンは「三角測量」の比喩を用いて「真理の社会性」と呼ぶ。

　このような認識をふまえてデイヴィドソンは「価値は客観的だ」と論じる。ただデイヴィドソン自身は私的な価値，あるいは価値一般についてまでしか論じていない。私的な価値（そして私的欲求）も私秘的ではなく，公的に認識可能で，個人間で比較可能だ，といっているだけであって，普通の意味での道徳的価値，公的価値の議論はしていない。私はジョセフ・ヒースを参照しつ

つ，このような価値の客観性を浮かび上がらせる，合理的主体間のコミュニケーション，その基盤としての共存それ自体を欲求することを道徳的な価値づけと見なし，そうした共存とコミュニケーションの持続に貢献するような，行為や慣行，制度の性質を道徳的価値と見なす，という展望を提示しているが，まだ素描の域を出るものではない。

3 人工物としての道徳

20世紀の哲学において価値の理論の探究は，倫理学と美学に偏るきらいがあったが，近年は「分析的実存主義」といったスローガンとともに，必ずしも公民的徳の涵養というのではない，私的，個人的なレベルでの人生の意味，価値についての探究，いわば哲学的人生論の気運が沸き上がってきつつある。そうした動向を念頭に置くと，倫理学の主要課題は，必ずしも私的価値と公的価値の断絶と架橋に限られないのではないか，と思われる。

自然主義的な徳倫理学　　　　以上のように，仮に道徳的事実というべきものの実在を認め，かつそれは（人の営みにかかわる）ものごとに付与された価値として現象する，とするならば，どのようなことになるだろうか？　自然主義的な徳倫理学の発想によれば，以下のようになるだろう――。

道徳的性質，道徳的価値の体系を仮に「道徳法則」と呼んだところで，それは当然のことながら物理法則とは異なっている。

道徳的に悪いこと，邪なことと位置づけられるものごとは決して存在しえない，起こりえないわけではなく，むしろ逆に当たり

前に生起し，存在している。それらはむしろ生物学，行動科学の原理のほうに近い。環境にうまく適応できない生物は発生しえない，存在しえないわけではなく，発生したところで長期的に生存，繁栄することができずに，近く死滅する蓋然性が高い，というだけのことだ。そのアナロジーを乱暴に適用すれば「悪いこと，邪なことは現実に発生するが，よい社会，正しい社会においては，その頻度は低く抑え込まれ，社会全体の秩序を崩壊させはしない」という程度のことならいえる。

　そのような価値が性質として帰属される対象には，個々の行為やそれらの集積による慣行，人為的に設計され構築された制度や組織も含まれるし，道具や機械などの人工物も含まれるだろう。場合によっては自然物も価値を付与されうるし，人工物と自然物の境界は時に程度問題ともなる。だが徳倫理学の立場からすれば，そのなかで中心的なものはやはり行為の主体たる人の性質，人柄であろう。これが「徳」と呼ばれる。

　古典期ギリシア，アリストテレスの用語法を引き継ぐならばこの「徳 arete」とは特定の性質，性向，技能等のことであって，そのすべてが普通の意味で「道徳的」あるいは「社会的」「政治的」なわけではない。道徳的な意味での悪人においても「悪徳」における卓越性，悪事をなすにあたっての悪賢さや度胸といったものがありうるわけだし，何より道徳を離れたところでの特定の職業上・学芸上の見識や技能というものもれっきとした「徳」である。「近代的な倫理学はこうした『徳』を評価しないようにしている」と先に述べたが，やや不正確な言い方ではある。諸徳のなかでの道徳的な徳についての評価，ことに序列化をともなう評価につき，慎重になる，くらいにしておいたほうがよいだろう。

人工物の機能としての使用価値のような
ものとして道徳的価値を位置づけると，
制度や政策の価値は，制度や政策を道具
や機械と同様の人工物として捉えたときのその機能，というふう
に位置づけられるし，そうなると慣行や個別の行為に対しても同
様の位置づけができるのではないだろうか。道徳とはまさに公的
に確立したインフォーマルな慣行以外の何ものでもない，という
理論も可能となり，道徳的価値とはそのような慣行の機能である，
ということになる（後に見る「錯誤説」のマッキーの議論にもそのよ
うに解釈できるところがある）。そう考えると反実在論陣営に入る準
実在論，道徳＝虚構理論との違いが不分明になってくる可能性が
あるだろう。しかしながら，それは必ずしもこのアプローチの欠
点ではないかもしれない。

反実在論的立場から出発して，準実在論よりもさらに実在論寄
りに踏み込んだ立場として，クリスティーン・コースガードらが
提唱している「手続的実在論」においては，「構成主義」という
表現も用いられるとおり，道徳は人為的構築物ではあるが，あく
までも集団的に構築されることによってその普遍妥当性≒ヴァー
チャルな客観性を確保している。コースガードはロールズ門下で
あるが，『正義論』のロールズの，あくまでも手続的なレベルで
のミニマルな正義要求──対等で自発的な合意の結果であればな
んであれ許容する──から出発して，実体的な内容のある──
「正義の二原理」とりわけ大胆な再分配を要求する「格差原理」
──正義主張を導き出すことを試みるアプローチが，模範とされ
ているのかもしれない。

こうなると「道徳を（慣行の一種として）人工物と見なすというアプローチをとるならば、もはやそれを実在論と呼ぼうと反実在論と呼ぼうとどちらでもよいのではないか？」という疑問も浮上してくる。それが実在かどうかは、慣行という抽象的な無体物を、道具や機械といった具体的な有体物と同じく「人工物」と見なすのか、また意図的構築物である成文法に則る制度・組織と、自生的な慣行・集団とをどの程度同種と見なすのかまた区別するのか、といった問題は形而上学者がやればいいことであって倫理学者の知ったことではない、という考え方もあるかもしれない。

　しかし実際にはそうはいえないだろう。今回も見てきたとおり、一般論としては、ある哲学者の規範倫理学上の立場とメタ倫理学上の立場は、別個の問題ではあれ強く関連せざるをえないからだ。そこでもう少し踏み込んで、実在論寄りの立場から一言だけ付け加えておく。

　道徳についての人工物論を、道徳的実在論の一種と位置づけるべき理由のひとつは、人工物においてよく見られる「意図と機能のズレ」、より正確にいえば「意図された機能と実際の機能とのズレ」問題が無視できないと思われるからである。

　道徳人工物論を反実在論に引きつけて理解する立場は、道徳を明示的であれ暗黙裡にであれ合意の所産、ヒューム的にいうコンヴェンションと見なしたうえで、それは人々の意図次第で変更、改廃されうるものなので、人間の心や行為から独立した存在として実在しているとはいえない、とする。しかしこのような立場においては、慣行や制度が設立された直接の原因と、それが存続している理由との違いが軽視されている。進化生物学でいうところ

の至近要因と究極要因，あるいは社会学的にいえば意図と機能の違いである。もともとヒュームのコンヴェンション論においても，重視されているのはその発生メカニズムよりもその存続理由であった。よく知られるとおりヒュームは社会契約論の批判者であり，社会秩序の中軸をむしろ自然発生的なコンヴェンションのほうに見出していることは言うまでもない。

　どのような制度が意図的に作られようとも，それが実際に人々によって意図的にであれ無意識にであれ，消極的にであれ積極的にであれ受容されなければ存続しえない。それはもちろん，人々に受容されることを意図して作られたものでも同様である。ある機能を果たすように意図して作ることと，それが所期の機能を実際に果たすかどうかは別の問題である。仮に存続したとしても，それは所期の機能を発揮したからではなく，意図されていなかった別の理由によるものかもしれない。——このような観点をふまえるならば，道徳人工物論を受け入れることが直ちに規約主義的な反実在論を受け入れることにはならず，むしろ実在論を受容する可能性が出てくることは，おわかりいただけるのではないだろうか。

道徳人工物論については次回にもあらた
めて触れることにしよう。ただ，ひとつ

注意しておくならば，道徳的実在論をとるということ——ここではものごとの道徳的価値がそれを投影＝価値づけする主体である人間による一方的な構築物，つまり人間の側の約束事にすぎず，約束事を変えれば一方的に変化可能なものではなく，物理的実在の側の客観的なありようにもその根拠を持っていると考える，ということであるが，そのような立場をとるということ——は，裏

返せばそのような価値づけを行い，価値を享受する主体である「人間」，あるいは道徳的地位を備えた存在についても実在論的な立場をとるということだ。ここでいう「人間」とは「人類」と言い換えてもよいが，要するに個々の具体的な個人ではなく，それらを集めた「種」としての人類のことだ。人間と人間ではないものの区別，あるいは動物倫理学やAI倫理学におけるように，人間以外に道徳的地位を持つ存在を認めるなら，そういう存在とそれ以外との区別が，たんなる人間たちの規約によるものではなく，つまり思いどおりに動かしうるものではなく，客観的な根拠を持つと見なされる，ということだ。この問題については「パーソン論」について論じる際にもあらためて触れる。

 **読書案内** ● ● ●

　今回についても引き続き佐藤岳詩『メタ倫理学入門』に懇切な解説があるが，道徳的実在論については自然主義的実在論を擁護する蝶名林亮『倫理学は科学になれるのか——自然主義的メタ倫理説の擁護』（勁草書房，2016年）がある。

　分析的実存主義，人生の意味の哲学については，L. A. ポール『今夜ヴァンパイアになる前に——分析的実存哲学入門』（名古屋大学出版会，2017年）のほか，倫理学入門と銘打ってはいるが，森村進『幸福とは何か——思考実験で学ぶ倫理学入門』（ちくまプリマー新書，2018年）などがある。

　手続的実在論についてはクリスティーン・コースガード『義務とアイデンティティの倫理学——規範性の源泉』（岩波書店，2005年）がある。

　徳倫理学からの実在論についてはいずれも前出のフット『人間にとって善とは何か』，アラスデア・マッキンタイア『美徳なき時代』がある。

デイヴィドソン，ダメットらを含めた20世紀の言語哲学については，**野本和幸・山田友幸編『言語哲学を学ぶ人のために』**（世界思想社，2002年）がコンパクトである。原典としては**ドナルド・デイヴィドソン『真理と解釈』**（勁草書房，1991年），**マイケル・ダメット『思想と実在』**（春秋社，2010年）。

現代形而上学，とりわけ性質や種の実在論の可能性についてはたとえば，**倉田剛『現代存在論講義Ⅰ・Ⅱ』**（新曜社，2017年），**柏端達也『現代形而上学入門』**（勁草書房，2017年）があるし，種と人工物については，**植原亮『実在論と知識の自然化――自然種の一般理論とその応用』**（勁草書房，2013年）がある。

デイヴィドソン＝ヒース的道徳的実在論については，最終回でも再論するが，**ドナルド・デイヴィドソン『合理性の諸問題』**（春秋社，2007年），**ジョセフ・ヒース『ルールに従う――社会科学の規範理論序説』**（NTT出版，2013年）を参照して，**稲葉振一郎『宇宙倫理学入門』**，**『社会学入門・中級編』**（有斐閣，2019年）で論じている。

第7回

メタ倫理学Ⅲ　錯誤説と逆転説

1　錯　誤　説

錯誤説の主張

　前回は道徳的実在論の解説と言いながら，実際には認知主義的実在論，それも自然主義的なものに偏った説明しかしていない。またその前の反実在論についても，非認知主義的なもの（表出主義）に限定した説明になっている。しかしはじめに紹介したとおり，ディモック＆フ

ィッシャーの図式に従えば，「認知主義 vs. 非認知主義」，「実在論 vs. 反実在論」の2つの軸は（完全に独立しているかどうかは怪しいにしても）別個のものなので，論理的には「認知主義的反実在論」「非認知主義的実在論」というカテゴリーもありうることになる。そして少なくとも前者「認知主義的反実在論」は，メタ倫理学上の主要な立場として広く認められている。その代表格がジョン・マッキーのいわゆる錯誤説 error theory である。

　しかし素人目にはこの錯誤説と，表出主義などの非認知主義的な反実在論的道徳観との区別がつきにくい。というより，錯誤説の主張内容自体がわかりにくい。

　表出主義の立場は「客観的な道徳的事実などというものは存在しないのだから，道徳的言明などというものに意味がある，すなわち，それがなんらかの有効なはたらきをしているのだとすれば，少なくともそれは事実についての言明としてではないはずである，だとしたらなんだろうか？」――と考え「道徳的言明とはあることがらの道徳性についての事実（実はそのようなものはない）の記述ではなく，そのことがらに対する発話者の態度の表明だとか，それにかかわっての聞き手への命令・依頼の言語行為である」といった可能性を追究するものである。

　これに対して錯誤説では，客観的な道徳的事実などというものは存在しないにもかかわらず，それでも，人々の道徳的言明が認知的なものであること――客観的事実についてのものであることを主張している。もちろんそれは「客観的事実としての道徳的真理なんてものはない」といった言明ではない。人々は道徳的な真理などというものがあると誤って信じ込んで，そうした誤った信念のもとに普通に事実について語ろうとしているのだ，というの

が錯誤説の理解である。

錯誤説のズレ　　　そうなると次に問題となるのは，錯誤説の主張によって論者は何を目指すのか，である。誤った認識ならびにそれに基づいた実践は正さなければならないのだとしたら，どのような方向に正されるべきなのか？ここで我々が気づくのは，認知主義的道徳的反実在論であるところの錯誤説は，実のところ認知主義的道徳的実在論や，非認知主義的道徳的反実在論とは異なり，自己完結的な理論ではない，ということである。錯誤説それ自体には普通の人々，道徳的生活の当事者からの「だからどうした？」という反問への答えの部分が抜けているように思われる。

　錯誤説が実在論や非認知主義とは異なる独自の理論であり続けるためには，普通の人々がその読者にはならず，その受け手はもっぱらメタ倫理学徒だけである，という特異な（いや，アカデミックにはむしろまったく普通なのか？）状況を想定せねばならない。それだけではない。メタ倫理学研究者は規範倫理学の研究も併せて行っていることが少なくないし，仮にそうではなくとも，同時に社会人，市井の一般市民として日常的に道徳生活を送っている。錯誤説が錯誤説として一貫するためには，読者を説得し，マッキーのいう二階レベル，メタ倫理学上の立場変更はさせたとしても，規範倫理学徒としてまた一般市民としての，一階レベルでの道徳的な立場変更をさせてはならない──そうでなければ認知主義的ではない道徳観を持つ人々が出現してしまうからだ。

　これは倫理学が人間社会科学の一部でもあると考えるならば，あまりにも不自然な描像である。しかしこれを避けようとするならば，錯誤説はそれ自体では完結しない，と理解するしかない。

すなわち，錯誤説はよりリアルな道徳像としての，たとえば表出主義の道徳理論を現状に対する代替案として提出することなくしては，倫理学説として完結しえないことになる。

錯誤と嘘，虚構の違い

錯誤説を生き延びさせるためのもうひとつの手口として考えられるのは，人々の日常的道徳言明を錯誤ではなく嘘，虚構とする場合である。実際のところこの場合でも，嘘，虚構は（いかなる尺度でだろうか？）よくないことなので廃止しよう，という道徳全廃主義と，嘘，虚構としての道徳を維持しよう，という立場がある。また後者の場合にも「道徳的事実は存在する」という誤りを正して，積極的に嘘，虚構としての道徳を構築していこうという改革的虚構主義と，実はこれまでの道徳言説は錯誤というよりも自己欺瞞であって，人々は実は道徳は嘘であることに内心気づいていたのだから，自己欺瞞を廃してやはり自覚的に嘘，虚構としての道徳を演じていこうという解釈的虚構主義がある。しかしながら前者に対しては，先ほどの自己完結性の欠如（結局のところ非認知主義によって補われざるをえない）という問題が指摘できるし，後者に対しては「それはそもそも〈錯誤〉説なのか？　錯誤と嘘，自己欺瞞は互いにまったく異なるものなのではないのか？」という疑問を呈することができる。

　そもそも虚構とは何か，という問題についての倫理学者の掘り下げは不十分なのではないか。嘘と虚構の異同は？　嘘をついて人を騙すことと，虚構の物語を虚構として共有して楽しむこととの間には，明確な違いがあるが，より正確にいえばその違いとはどのようなものか？（これはもちろん虚構には虚構内真理があるが，嘘にはそれに当たるものがないということと無関係ではありえない）

虚構主義的な道徳理解においては，道徳を人々の間で共有する虚構，つまりは「ごっこ遊び make-believe」と位置づけることになると思われるのだが，そうした「ごっこ遊び」を通じた人間関係，社会的関係と，そうではないものとの関係は？ ——といった無数の疑問が生じてくる。しかしながら虚構の本格的な分析はいまだ一部の美学や文学理論の研究者が中心になって行われているのみであり，倫理学によるその本格的受容にはまだ準備が（美学側でも倫理学側でも）不足しているのではないだろうか。

2 虚構的対象の存在論

虚構内真理

狭い意味での倫理学からは離れるが，少し考えてみよう。すでに何度か触れてきたとおり，そもそも錯誤と嘘，虚偽は異なる。のみならず厳密にいえば我々は，たんなる嘘，虚偽と虚構を区別しなければならないだろう。たとえば文芸作品，物語を研究する美学者たちは「虚構内真理（そしてその裏返しの，虚構内虚偽）」という概念を認めざるをえないことを指摘している。たとえば「シャーロック・ホームズがジョン・ワトソンを殺した」というのは，シャーロック・ホームズ物語の原典に即するかぎり，偽の命題である。しかしこれはいったい何なのか？　さらにややこしいのは，これとさらに区別されるものとして我々は「虚構についての真理（虚偽）」なるものについても考えねばならない。たとえば「シャーロック・ホームズはアーサー・コナン・ドイルが書いた連作小説の登場人物である」は典型的な「虚構についての真理」である。

注意すべきは「虚構内真理」はフィクションに描かれた虚構世界のなかでの真理である（が現実世界のなかでは真でも偽でもないように見える）のに対して，「虚構についての真理」は現実世界のなかでの，現実存在としての虚構，フィクションについての真理であるということだ。しかしこれをもう少し掘り下げてみよう。

虚構内存在

現実世界に存在するのはドイルが書いたホームズ探偵譚であり，さらにそれについての評論や感想やそのほかの論及である。ホームズ譚を構成する文章，そこに表現された命題は，あくまで虚構の「ホームズがいる世界」についての命題であり，その真偽はあくまでも虚構内での真偽である。またホームズ譚を構成しないその外側の文章についても，先の「ホームズがワトソンを殺した」という嘘のように，虚構内での真偽をその意味とするようなものがある。それらは大雑把にいえば，ホームズ譚について語られた・書かれたものではなく，ホームズ譚が描く虚構世界について語られた・書かれたものである。

　それに対してホームズ譚という実在する言説群について語られた・書かれた文については，そのホームズ譚という虚構内での真偽は問題とならない。その真偽はあくまで，現実世界内でのものである。とりあえずはこう整理できるだろう。問題はそこから先だ。前者の虚構世界内の出来事についての命題「ホームズがワトソンを殺した」における「ホームズ」と，後者の，現実世界に存在する物語，ホームズ譚についての命題「ホームズはドイルが書いた連作小説の登場人物である」における「ホームズ」とは，同じ意味なのか，それとも違うのか？

　ひとつの考え方は，前者における「ホームズ」という名前は，

虚構内存在であるシャーロック・ホームズを指しているのに対して、後者における「ホームズ」はそれ自体としては何も指してはいない、というものだ。ちょうど「現在のフランス王」のように。しかしこれはあまりにも不自然だろう。ソール・クリプキは、ここで後者の「ホームズ」は、現実世界における特別な存在者としてのシャーロック・ホームズを指すのだ、という。すなわち、現実世界における存在者としての「虚構内存在」、キャラクターなのだ、と。現実世界内存在としてのシャーロック・ホームズは、ソール・クリプキやリチャード・ニクソンのような普通の意味での現実の具体的な存在ではなく、概念、抽象的な対象である。しかしそのようなものとして存在している、というのだ。もちろん無体物で、数学的対象のような抽象物だが、必然的存在ではなく、歴史的な経緯があって偶然に、かつ人工的に形成された、非常に特異な抽象的人工物だ、と。

人工物・人工種　この講義では「性質」や「種」についてもある程度実在論的な見方を採用する方針できているので、その線で考えてみよう。

　人工物にもいろいろな種類というか水準があり、たとえば時計を考えたときに、一つひとつの具体的な機械、個体としての時計というものがあるのと同時に、それらさまざまな時計の仲間、時計という「種」をれっきとした実在として考えることができる。それを時計の機能を軸に考えてもいいし、時計の設計思想を軸に考えてもいい（人工物、とくに道具の場合には両者は密接に連関する）。そうすると一個一個の時計は具体的人工物だが、時計という種、あるいは時計という（「種」の同一性を支える機能なり設計思想なりの）概念についても、それを抽象的人工物、「人工種」と捉える

ことができる。虚構のキャラクターはこのような，人工物の概念に非常に似通った性質を持っている，といえよう。こう考えるとたとえばパロディ，二次創作の意味が明確になる。ホームズ・パスティーシュに登場するホームズやワトソンを，ドイルのオリジナルのホームズやワトソンと「同一である」といってもよいことになる。そして我々はキャラクター・ビジネスなるものが何をしているのか，より明確に理解できることになる。そこで我々は特定の虚構作品から自立した，虚構作品内存在ではない，現実世界内存在としての，抽象的人工物としてのキャラクターを扱っているのだ。

　ある程度同様のことが，人格を備えた存在として描かれる狭い意味での「キャラクター」以外にも，多くの虚構内対象に対して当てはまるだろう。ファンタジーにおける妖精や怪物は，個体として描かれたときには普通の意味でのキャラクターとなるが，類としてもまた，虚構内では現実に存在する類，自然種となると同時に，現実世界では抽象的人工物，いわば「虚構（架空）種」となる。魔法という架空の現象，ないし技術，あるいは法則，秩序体系にしても，さらにSFの場合のエイリアンや架空技術なども同様だ。

　ただSFの場合の「虚構（架空）種」のなかには，現実の物理法則に反せず，理論的に存在可能なものが無視しがたい割合で含まれている。もちろんエイリアンの場合には，「地球出自ではない知的生命一般」という最も抽象的なレベルではともかく，それよりも具体的なレベルでは，種のレベルであれ個体のレベルであれ，虚構内で描かれた（物理法則に反していない）どんなエイリアンであっても，それらは現実に宇宙のどこかに存在している（か

もしれない）エイリアンとは同じ存在ではありえない。人工知能 AI: artificial intelligence・ロボットの場合にも，それらが固有の実存を有する個体であるならば同様だ。

しかしながら，現実の物理法則に違反せず，それゆえに将来実現するかもしれない，あるいは宇宙のどこかですでに実現されているかもしれない架空技術とそれに基づく人工物の場合にはどうだろうか？　具体的な個体のレベルではともかく，概念，種のレベルでは，SF 作品に描かれた架空技術ならびにその所産と，未来において実現するかもしれない・あるいは宇宙のどこかで実現しているかもしれないその対応物とは，同一であるというべきなのではないだろうか？　そもそも物理法則に違反しない架空技術や架空の自然現象までくると，通常科学の理論的予想と区別がつかなくなる，という問題がある。そもそも人工衛星も宇宙エレベーターも，概念としては SF 作家の発明である（コンスタンチン・ツィオルコフスキーはもちろんロケット工学の始祖ではあるが，SF 作家でもあるというべきだし，彼の人工衛星，宇宙ステーション構想はフィクションの形で提示された。また言うまでもなく通信衛星や宇宙エレベーターのアイディアはアーサー・C. クラークに帰せられる）。ブラックホールや中性子星の理論的予想は科学者によるものだが，実際に発見される以前に SF の素材となり，そのなかでの予想が現実の科学にフィードバックされたりもする（ラリー・ニーヴンの SF 短編「中性子星」はパルサーが中性子星であると確定される以前に書かれ，中性子星やブラックホール周囲での潮汐現象の激しさについての注意喚起をしたことで知られている）。

さて，話が長くなったが，錯誤説からの展開として位置づけられる，道徳についての虚構主義をまじめに展開するためには，少

なくとも以上のレベルでの虚構理論をふまえることが必要だと思われる。さて，だとするとどうなるのか？

「ごっこ遊び」の構造　　フィクション受容は「ごっこ遊び」として考えるとよい，という立場を先に紹介したが，よく考えるとこれもだいぶややこしい構造を持つ。通常の，というより現代社会において定型化された標準的なフィクション受容を，仮に「コンテンツ」，あるいはまとまった「作品」の鑑賞だとしよう。小説を読んだり映画を見たりして虚構の物語を楽しむ，というやり方だ。これは現実に存在する人々が織りなす，現実の出来事を見聞して楽しんだり考えたりすること（悪くいえばゴシップ享受）との関係で理解することができる。すなわち我々は作品を鑑賞する際に，あたかもそれらの作品に描かれた虚構世界が現実世界（と連続している何か）であるかのように振る舞い，現実のゴシップを楽しむようにキャラクターたちの人間関係を楽しみ，現実に出来事から教訓を受け取るように物語内の出来事から教訓を受け取る。

　しかしこのような読者・観客という立場は，何の「ごっこ」なのか？　キャラクターたちの活躍を遠目で見守る一般人「ごっこ」だとでも言うしかないだろう。しかしこのような言い方は，現代の私たちの現実を描写するものとしてはむしろ不自然だ。むしろ私たちは現実の出来事，現実に存在する人々のゴシップや重大事件を，あたかも映画やドラマを見るように，あたかも観客であるかのように受容している，といったほうがいいだろう。

　この点を深追いすることは，今はやめておく。ただこのような「虚構に準拠した現実享受」というモードを，近代以降のメディア社会特有のものと見なしがちな，我々の社会学的偏見には注意

しておくべきだろう。古代や中世の人々も，聖書やサーガ，古典や民間伝承の物語に準拠して生きてきたのではなかろうか？

とはいえむしろ「ごっこ遊び」の基本形として私たちが想定するのは，子どもたちのおままごとやヒーローごっこのような「観客のない演劇」のほうだろう。そうするとフィクション受容の基本形は，意外なことに，作品の受容よりもむしろ，作品に描かれたキャラクターに，ある意味で現実に存在する人々に対してと同様の愛着を覚えること，ということになるだろう。たとえば宗教という「ごっこ遊び」は，何よりも神というキャラクターを真剣に愛することをその中核とすることになる。このとき私たちが愛するキャラクターたち（そこには神も含まれる）とは，虚構内対象としてのそれなのか，それとも，現実世界内の抽象的人工物としてのそれなのか？　普通に考えればこの違いはきわめて重大であると思われるが，「観客のない演劇」の場合と，パッケージ化された「作品」の鑑賞，小説や映画の鑑賞や，演劇の場合でも舞台と客席が截然と区切られている場合とでは，この違いのあり方自体が異なってくるだろう。何より重要なのはここで「役割演技」というカテゴリーがクローズアップされることである。すなわちそこで人々は，あたかも虚構のキャラクターが実在するかのように振る舞うだけではなく，自分自身も虚構の法則や秩序体系に従うかのように振る舞う。

道徳が「ごっこ遊び」なら

だとすれば，道徳という「ごっこ遊び」において中核となるのは，個体としてのキャラクターよりもむしろ虚構内現象・虚構内制度のほうだろう。道徳というゲームはいわば，現実世界でははたらいていない道徳法則，現実世界には存在しない道徳的

性質が存在する世界のなかで生きているかのような「ごっこ遊び」をする，ということだ。しかしそれが同時に，あたかも虚構のキャラクターを，現実の愛着の対象とするような形で，道徳もまた現実になんらかの作用をする，ということになる。では，それはどのようなはたらきであるのか？

　一番シンプルでわかりやすい，しかし十分に一般的とは思えないモデルは，道徳に関する神命説のごっこ遊びである。つまりその場合，道徳というごっこ遊びは，まず道徳の内容を神の命令として理解し，神の存在を信じる――ふりをする。そして，道徳＝神の命令にきちんと従えば神に褒められ，逆らえば神に罰される，と思い込む――ふりをする。ついでにいうならばここで想定される神が唯一神であるならば，神の理性（への信頼）が道徳の合理性（普遍妥当性や整合性）の根拠だということになる。これに対してもちろん，個別の道徳的に正しい・よいとされる振る舞いやあり方それ自体をありがたがる――ふりをする多神教的，アニミズム的モデルというものももちろん想定可能である。一神教的神命説型のごっこ遊びモデルは，とりわけそこで想定される神が人格的存在，ある種のパーソン（後出・第10回）である場合には，神というキャラクターへの愛着を道徳の核に見出すことができるが，多神教・アニミズム型の場合には，道徳はある種のフェティシズムとしての側面を持つ，ということになる。

　いずれにせよ，もし仮に虚構説を一貫したメタ倫理学説として立てようとするならば，以上に述べたような虚構的対象の存在論が引き起こす多くの疑問に答えていかなければならないだろう。

3 逆転説

　今ひとつ注目しておきたいのは残された4つ目のカテゴリー，「非認知主義的実在論」である。ディモック＆フィッシャーによれば，現在これを唱えているのは世界でもガイ・カヘインのみであるということだが，カヘイン自身の論文では，普通は認知主義的実在論のカテゴリーに入れられている非自然主義的実在論（直観主義）は，本来であればこちらに入るはずなのだ，と主張されている。

> 非認知主義的実在論

たしかにこれは傾聴に値する指摘である。直観主義を中心とする非自然主義的実在論では，道徳的事柄は，通常の科学的な方法では認識不可能であるとしつつも，それでもなんらかの仕方で認識可能である，と主張するが，具体的にどのような仕方であればそれが可能であるかの明快な説明は見られない。それくらいであれば最初からズバリと「道徳的事柄は人間の認識能力を超えている」と断じるほうがスッキリする，とさえいえよう。とくに今日では世界認識における自然科学的方法の有効性，哲学の方法としての自然主義（哲学と科学の間に明確な断絶を求めず，程度問題と考える）を受容する論者が倫理学界隈でも増加しており，それはメタ倫理学上の自然主義的実在論を受容せず，非自然主義的実在論にこだわる論者の間でさえそうなのだ。そしてカヘインがいうように，存在論的主張と認識論的主張（さらには意味論的主張）はそれぞれ独立で区別できる。「道徳的事実が実在するかしないか」と「人は道徳的事実

を認識できるかできないか」（と「道徳命題の真偽は確定可能か」）
はそれぞれ別の問題である。

　道徳的事実というものが仮にあったとして（この講義では性質実
在論に乗っかり，道徳的事実を性質という枠組みで捉えていたので，あ
るものごとの客観的な性質としての道徳的善さがあったとして），それ
を人間が認識できるかどうかは，それとは別の問題である。もち
ろん，存在していないものを認識することはできない（これは物
理的事実のように観測できる・できないだけではなく，数学的定理のよ
うに証明できる・できないまでを含めて考えてほしい）が，存在して
いるからといってそれを認識できるかどうかは，また別の問題で
ある。

　　　　　　　　　　　　　　　だがここで問題となっているのは，人間
| 道徳言明は認知的か？ |
　　　　　　　　　　　　　　　の道徳的認識能力の程度ではない。道徳
の存在論的性格がどうであろうと，そしてそれについての認識能
力がどうであろうと，それとは別に，人間の通常の道徳的言明が，
そもそも認知的なものではない（だから真偽は問えない）ものでは
ないか，とカヘインはここで主張している。そのレベルではカヘ
インのいっていることは表出主義者たちと重なる。しかしカヘイ
ンは表出主義者とは異なり「それはそれとして道徳的事実という
ものは存在する」といってしまっているのである。これをいった
いどう理解すればよいのか？

　一見したところこれは自己破壊的，自己論駁的な発言である。
すなわち「それはそれとして道徳的事実というものは存在する」
はれっきとした道徳についての言明で，かつ形として見れば明ら
かに真偽を問える認知的な命題である。しかしカヘインが打ち立
てようとする非認知主義的実在論によれば，道徳言明は認知的な

命題ではない，ということになるのではないか？　とすればこれは自己矛盾であり，カヘインは語りえないことを語ろうとしていることになるのではないか？

　これが自己論駁的にならないためには，普通の意味での道徳的ではない語り方での，つまりそれ自体は道徳的，評価的ではない形での，純然たる客観的な事実判断としての道徳についての語りが必要だということになるだろう。カヘインが「逆転説 reverse theory」と称するこの立場は，これで不可能とは必ずしも思えないが，そのようなメタ倫理学（道徳科学？）がどのようなものになりまたどのような意義を持つのかは，いまだ定かではない。ただ，先の我々の錯誤説についての理解が正しければ，逆転説は自己完結的であろうとすれば，錯誤説の場合と同様に，アカデミーの世界の外側，現実の人々の道徳実践にはなんらの影響を及ぼしえない学説とならざるをえないことになるだろう。なんとなれば，もしその理論が研究者を超えて広い聴衆に受け入れられるならば，普通の人々の道徳観，ひいては実践にも影響せざるをえないだろうから。

　逆転説に残されたひとつの可能性として考えられるのは，カヘイン自身がいっているように「非認知主義的実在論は直観主義などの非自然主義的な認知主義的実在論の本来目指したところのものである」という理解を受け入れたうえで，ここでいう「認知」「自然主義」に対して特定の意味合いを読み込むこと，である。そうすることによってこの逆転説は，錯誤説の場合と同様に，虚構的対象の実在論をふまえたうえでの道徳的虚構主義の方向に向かうことになる。

　そもそも「認知 cognition」という言葉自体に，わかりにくい

ところが多い。自然主義の立場をとったときに認知できる対象とは，物理世界における因果関係のなかにあるものであり，認知という現象自体もこの因果関係の一端として位置づけられる。自然主義的な道徳的実在論とは，道徳的な事柄が現実の物理世界のなかで因果的効果を及ぼし／及ぼされる様を観測できる，とする立場である。

ただしこの場合，数学的対象を含めた抽象概念が認知の対象といえるのかどうかで，さまざまに立場が分かれてくる。自然主義者のなかにも反実在論を徹底して，数学的対象についても唯名論・規約主義を貫き，客観性を認めない立場と，そうではない立場とが入り混じっている。「認知」の対象を物理的実在に限定し，数学的対象や概念などの抽象的対象はもっぱら主体的な構築の対象である，とするか，それともある種の抽象概念は恣意的には動かしえない客観性を持ち，そのかぎりで「認知」の対象となると考えるか，については幅があることになる。

ここで後者の立場をとるならば，直観主義者ら非自然主義的認知主義者のいう道徳の認知とは，物理的実在の認知ではなく，数学的対象などの抽象的対象の認知であり，道徳的価値もそのような抽象的対象ということになる。あるいはそれを「虚構」だと見なすとしても，道徳的価値を含めたある種の虚構は客観的な普遍妥当性を獲得し，そのかぎりでそれらについての真偽が問える，すなわち「実在する」といってよいことになるだろう。

それにしてもこの方向性は，ある種の危うさをはらむことになるのは否定できない。すなわち，逆転説に対しては神学的なアナロジー――「神は我々の認識能力を超えていて，そもそも存在するかどうか我々には知りえない。にもかかわらず神は存在する」

の「神」を「道徳」に置き換える——が成り立つのではないか，と前回にも示唆したが，ここでの「実在論としての虚構主義」は道徳に対してだけではなく，神にも適用しうることは言うまでもない。さらにやっかいなことは，先ほどSFについて示唆したように，虚構のなかには「現在のところは虚構だが，実現可能なもの」も含まれてしまう，ということだ。道徳の実現可能性はおそらくは理論的に見ても有害ではない。しかし神のほうはどうだろうか？

神命説・再説　神の話が出たついでに，先ほど簡単に触れた神命説に戻る。そもそも道徳に関する神命説などというものがいったいなぜ成り立ちうるのか，意味があるのかを考えてみよう。

有神論を受け入れるかぎり，これは道徳的実在論の一種として扱うことができる。通常の，認知主義的道徳的実在論の立場をとるならば，道徳的真理は現実の観察と，理性的な推論と討論を通じて人間に到達可能であるはずだ。わざわざ神命説などというものが独立した道徳理論として立てられるからには，道徳的真理の少なくともその一部が，あるいはその根拠が，人間の理性による認識能力，推論能力を超えたところにあるからだ，となるだろう。だからこそ我々はカヘイン的逆転説を，ある種の有神論，神命説に近いものとして扱った。

ここで我々は有神論の意味での神を広い意味での人格神，ある種の合理的主体として考えている。そうでなければ神には命令，すなわちコミュニケーションや行為はできない。すなわちここでは，スピノザのような神イコール自然，宇宙，といった考え方は有神論とはしない。なぜかといえば，そのような神概念を採用す

れば，道徳的実在論はある種の有神論であるといってかまわなくなるからだ。

　神命説が問題となるような宗教は，ユダヤ，キリスト，イスラームのような啓示宗教，明確に教祖や教典が存在していて，明示された教えのうちにある，合理的な解釈を受けつけない部分までをも受け入れて従わなければならないようなものである。このような宗教においては多くの場合，神の教えというのは基本的には合理的だが，有限な能力しか持たない人間にはそれを完全に理解することはできない，とされている。このような考え方にはもちろん両義性がある。一面ではそれは信徒に，たえず自分の有限性，自分の理性の不十分さへの反省を促しうる。しかしもちろん他方ではそれは信徒を，判断停止，思考停止と既存の権威への盲従にも導く。

　このような両義性は逆転説的な道徳観にもつきまとうだろうが，あくまでも近代的な道徳理論，メタ倫理学としての逆転説と，厳密な意味での神学としての神命説との間には無視しがたい違いがあるはずだ。神の人間に対する命令は道徳規範だとすれば，どちらにおいても人間には理解不能な道徳的真理というものがありえて，人間は判断停止してでもそれに従わねばならない。しかしながら前者，近代倫理学としての逆転説においては，それ以上どうしようもない。そのような道徳に従う理由を人間は発見できず，それゆえにそうした道徳は実現されることなく，人間はただ悪を重ねるだけである。

　しかし後者，神学としての神命説の場合には微妙に事情は異なるはずである。この場合，神は人間がその実在を認識できようができまいが，信じようが信じまいが実在していて，たとえ人間が

それを理解できず，それに従わずにいても，たとえば奇跡を起こし，神罰を行使してでも，道徳的真理を実現していく，ということになるだろう（そう考えなければ信仰なき神命説としての逆転説との違いがなくなってしまう）。

前者の世界像においては，究極のところでは，道徳を実現する力が世界のなかに存在しないことになる（少なくとも人間に認識できない，理解できない道徳規範については）。それに対して後者の場合には，神が存在するのだから神がその力を振るうはずである。しかしよく考えれば当然，それだけではない。多数派か少数派かはわからないが，神の存在を知る（信じる）者が神の正義を実行するだろう。もちろん，不信心者の理解は得られようがないのであるから，是非も問わず一方的な強制，暴力として。

> 逆転説の論点提起

このように考えると，世俗的な近代倫理学としての逆転説にも，神学的な教理としての神命説にも，こういってよければずいぶんと反社会的な，危険な含意があることになる。もちろんそれらが正しい，真理である可能性も頭からは否定できない。だとすればそれらは「邪悪な真理」だということになる。

前者においては，人間には認識できず実現もできないような道徳的真理というものがある，という断念がもたらされる。ユダヤ，キリスト，イスラームなどの啓示宗教は，そのような真理が神の恩寵によって啓示としてもたらされたのだ，と主張することによって，この断念をあらかじめ克服していたのだ，と，これらの宗教の側からは言いうるだろう。しかしながら，近代の立場からはすぐに反論できる——それらの啓示の真理性はどうやって保証されるのだ，実際多様な啓示とその解釈を掲げる者同士の対立に決

着をつける方法がないではないか，と。

　近代における道徳的実在論への警戒は，神命説を含む宗教にはらまれる暴力の危険に対するものであった。しかし仮に神命説が正しく，かつ宗教的教説としてのその暴力性をも受け入れられない，というのであれば，人間のあるレベルでの絶対的な道徳的無力，が帰結してしまう。

　こうして見ると，近代の道徳的反実在論は，認識できるもできないも何も，道徳などそもそも実在しないとすることによって，問題をその前提から根こそぎ抹消しようとするものであった。それに対して現代的な道徳的実在論は，道徳的真理の成立，道徳的性質の実在は信じるが，その定立主体たる人格神の実在は否定することによって，自らを神意（そのようなものはない）の特権的な代行者に擬する危険を回避し，さらに道徳的真理の認識可能性を想定することによって，逆転説にはらまれるニヒリズムをも回避しようとするのであろう。ただこのような試みは別に新しいものではなく，考えようによっては 17 世紀の近代自然法論，とりわけホッブズやスピノザの国家論の反復以上のものではない。彼らの力強く明晰な議論が，それでも万人を納得させることはできなかった以上は，現代的な道徳的実在論の未来も，決して約束されたものだとはいえないだろう。

4　啓示と理性

　第 4 回のはじめでも簡単に触れたが，少し振り返っておこう。彼らの本意はどうあれ，ホッブズやスピノザを受けての政教分離，

公私分離に立脚した市民社会と国家の構想の歴史を顧みると，世俗的な国家秩序の根拠づけを，あくまでも理性的な主体の合理的な選択——それが自発的な合意だろうと，あるいはホッブズの場合，脅しを前にしての服従まで含めようと——に求める，という方向ははっきりしている。そこに取り込むことができない根拠がない＝非合理的な啓示への信仰は，公共領域から締め出され，個人の内面の問題とされる。かつて公的秩序の基軸をなしていた宗教は，こうして私事へと格下げされる——乱暴にいえばこのようなストーリーを，私たちは学校や教養書で聞きかじった知識ででっち上げている。

ホッブズ的解釈による
「精神の自由」

ただし細かく見ていけば，事態はもっとディテールに富んでいる。ホッブズやスピノザのような著名な巨匠だけを見ていてさえそうだ。ホッブズふうにいえば，合理的な根拠を持たない信仰は，公共領域から追放されたとしても，否定されるのではなく，個人の内面という避難場所に安置されるという形で実は肯定されている。宗教が公的秩序の担い手だった時代には，無根拠な信仰を軸とするがゆえに互いに相容れない公的秩序構想を掲げた党派同士が衝突し，ホッブズふうにいえば「戦争状態」を招来し，どの宗派も，たとえ権力による信仰の強制を個人に対してできたとしても，安全ではありえなかった。それが私的領域に封じ込められることによって，宗教は武装解除されて安全地帯にたどり着けたのであり，それどころかかつてはその敵対者だったはずの「精神の自由」なるスローガンを味方につけることさえできるようになった——このようなストーリーさえ描くことができる。

だがここでスピノザに転じるならば，風景は微妙にしかし決定的に変わる。「精神の自由」は無根拠な信仰を保証する「信教の自由」のみならず，それを理性によって根拠づけようという運動，さらには信仰の基礎づけなどという目的からも解き放たれた理性の活動の自由としての「哲学する自由」までをも含むことは言うまでもない。しかしながらスピノザによれば，こうした「哲学する自由」は内面の自由にとどまることはできず，公共領域での討論という「言論の自由」なしにはありえない。しかもスピノザによれば言論の自由は，そうした理性の栄光の発露という意味においてのみならず，社会的存在としての——孤独に耐えきれず，思ったことを結局は口に出さずにいられないという——人間の弱さの観点からも否定しえない。人間は決して十分に合理的（理性に導かれて能動的）な存在ではなく，感情に振り回される（受動的な）存在だとしたスピノザのリアリズムが光る。ホッブズは人間もまた機械だとしたが，スピノザ流にアレンジすれば人間は緩みや摩擦によるロスが絶えない，不出来な機械である，ということになるだろう。

　しかしスピノザ的な背反する理想主義とリアリズムを受け入れると，ホッブズが閉めた地獄の釜の蓋がまた開く。哲学する自由のための言論の自由の解放は，狂信をも解放し，狂信を統制しようとする権力の手は，結局哲学をも抑圧せずにはいない。もちろんそれはスピノザも承知のこと，というよりほかならぬスピノザの眼前の，17世紀オランダの現実であり，スピノザはそれでもギリギリの隘路（あいろ）をたどる自由と理性に賭けようとしたのであろう。

| 理性の現在 |

冷戦以降の現在，このホッブズ的，スピノザ的苦境は実はいまだに我々とともにあることは明らかであろうが，ここでさらに余計な話をすれば，そもそも理性的根拠づけを拒絶する宗教的信仰をではなく，科学的真理を旗頭にしての暴力や強制が本当にありえないか（啓示宗教とは異なり，建前上は理性的な推論と討論に支えられているはずだから「あってはならない」とはいえたとしても），いやこれまでも実際にはあったのではないか，という疑問は決してゆるがせにはできない。

啓示宗教においては，もちろん現実には啓示は，神によって直接与えられたのではなく，預言者を介して与えられたものであるが，預言者の正統性，その言葉が本当に神の意志を誤りなく伝えていることについては頭から受け入れることが要求され，その根拠をそれ以上さかのぼることは禁じられている。確立した啓示宗教において預言者はすべて過去の存在で，啓示はすべて既定事実であり，今現在においてまたそれ以降の未来において預言者が到来して新たな啓示をもたらすことは想定されていない。そのことによって現在，というより預言者の時代以降の人間がすべて啓示に対して平等であることが，一般的な自然の真理に対してと同様に保証される——と言いたいところであるが，そうなるまでにはいろいろと歴史的な悶着があった。

平たくいえば現実問題として，自然の認識における専門家としての自然科学者たちがいるように，啓示についての専門家としての聖職者たちが存在してきた。現在では大体において，聖職者たちの資格はあくまで専門職としての卓越性で，それは科学者のそれと変わりがなく，聖職者たちが世俗の市民とは異なる特権身分

を構成しているわけではない。しかしかつては——とりわけキリスト教において聖職者はそうした特権身分であり，是非もなく信仰を強制することもできたのである。

　後に応用倫理学を講じる際に問題とするのは，いわば歴史の針が逆戻りして（そもそも歴史の流れは一方的に進歩に向けてのものというわけではない），科学者をはじめとした市民的専門職能者が，かつての聖職者のような特権身分として振る舞ってしまうことのリスク，である。

読書案内 ● ● ●

　錯誤説については，いずれも前出だが佐藤岳詩『メタ倫理学入門』，古典としてジョン・マッキー『倫理学』を参照するとよい。そのほかにも，蝶名林亮編『メタ倫理学の最前線』（勁草書房，2019 年）に収録されている安藤馨「道徳的非実在論」がある。

　カヘインの逆転説，非認知主義実在論については，Guy Kahane, "Must Metaethical Realism Make a Semantic Claim?" *Journal of Moral Philosophy*. 2013, 10（2）: 148-178.

　形而上学的な虚構理論については，前回にも紹介した倉田剛『現代存在論講義 II』と柏端達也『現代形而上学入門』に加えて，倉田剛『日常世界を哲学する——存在論からのアプローチ』（光文社新書，2019 年），Saul A. Kripke, *Reference and Existence*（*The John Locke Lectures*）. Oxford University Press, 2013.

　美学／文学理論からは，三浦俊彦『虚構世界の存在論』（勁草書房，1995 年），ケンダル・ウォルトン『フィクションとは何か』（名古屋大学出版会，2016 年），マリー＝ロール・ライアン『可能世界・人工知能・物語理論』（水声社，2006 年）がある。

　また（広義の）社会学，メディア論的観点から稲葉振一郎『モダンのクールダウン』（NTT 出版，2006 年），『ナウシカ解読〔増補版〕』

（勁草書房，2019 年）も参照されたい。

　佐藤『メタ倫理学入門』には神命説の簡便な解説もある。「邪悪な真理」については永井均『〈魂〉に対する態度』（勁草書房，1991 年）や，次回紹介するニーチェ論をも参照されたい。

　啓示と政治をめぐるホッブズとスピノザの苦闘については福岡安都子『国家・教会・自由——スピノザとホッブズの旧約テクスト解釈を巡る対抗〔増補新装版〕』（東京大学出版会，2020 年）が読み解いている。いわれていること自体は一見シンプルであるが，17 世紀オランダの政治と言論のコンテクストに深く沈潜したその作業についていくことは大変に骨が折れる。

　なお，本書でのメタ倫理学の解説は結局実在論 vs. 反実在論，「道徳（的事実）なんていうものが果たしてあるのかないのか？」を焦点として行われ，その結果実在論に同情的な方向で議論が進んだが，だとしたら議論の初っ端第 1 回でふれた「である（事実）」と「べき（規範）」との水準の区別は，解消されることになるのだろうか？　必ずしもそういうわけではない。今度は「そうすることが道徳的に正しいからといって，どうしてそうしなければならない／そうしたほうがよい，と言えるのか？」という問いが浮上する。つまり「それが正しい／よいことであるのはわかった，でも私は別にそれをしたいとは思わない」ということは十分にありうるし，そんな風に言う人のことを我々は「正しくない」と責めることはできても「非合理だ」とは言えない。評価，価値判断と欲求，動機付けは必ずしもイコールではない。

　この「なんで道徳的にふるまわなきゃいけないの？」問題，もしくは「Why be moral?」問題について本書は主題的に取り上げられなかった。興味がおありの方は本書の直前に刊行される杉本俊介『なぜ道徳的であるべきか——Why be moral? 問題の再検討』（勁草書房，2021 年）をぜひご覧いただきたい。本格的に研究したい場合には，マイケル・スミス『道徳の中心問題』（ナカニシヤ出版，2006 年）も必読である。

第8回 現代倫理学のコンテクスト

1 実在論（と徳倫理学）を後押しするもの

道徳的実在論への
揺り戻し

ジョン・マッキーもいうように，道徳に関する一階の問いと二階の問いは区別できるし，実践的な規範倫理学と，もっぱら省察的なメタ倫理学とは別個の分野として自立できるが，それでも両者は無縁ではない。ピーター・シンガーのようにメタ倫理

学上の立場の変更が実践的な規範倫理学上の見解にほとんど影響
を与えない例もある一方で，R. M. ヘアのように，両者が密接に
結びついている例もたくさんある。

　ややグロテスクだがわかりやすい例を挙げてみるならば，道徳
的性質についての実在論が真だとした場合，人間よりも道徳的な
性質が上であるような存在，道徳的価値が人間よりも高い存在と
いうものが，少なくとも理論的には存在しうることになる。その
場合，徳倫理学や功利主義の立場をとったならば，そのような存
在は道徳的に人間より優遇されることが正しい，ということにな
るかもしれない。

　さらに，より実践的な応用倫理学の見地をふまえて論じるなら，
このような存在が現実には存在していないとしても，それを人為
的に開発，制作，創造することは可能かもしれない，という問題
が射程に入ってくる。となると，そのような存在をどのように遇
するべきか，の手前に，そうした存在を創造するべきか否か，と
いう課題も浮上する。AI・ロボット倫理学の文脈においてニッ
ク・ボストロムらが論じているのは，そのような課題である。

　もちろん，こうしたタイプの思考がいかに危険であるか，につ
いては，我々は20世紀前半の経験を経てよく知っているはずで
ある。情動主義的な主観主義の根底には，このような警戒もまた
存しており，それは正当なものだといわざるをえない。権力者や
支配階級が「これが正しい道徳理論である」と己の信念を振りか
ざして人々を格付けすることの恐ろしさは想像に余りある。

　だが他方で，20世紀後半において再び自由主義への懐疑が浮
上し，倫理学・政治哲学領域においても，自由主義の基本的価値
を否定することまではなくとも，古典的な徳への関心と，道徳的

実在論への揺り戻しが起こっていることにも理由はある。

| 自由の保障とその懸念 | ひとつには，自由主義的な精神に導かれ たいくつかの展開が逆機能を起こしてい

る，いわば本来の意図とは違う帰結をもたらしてしまっている，
という懸念がある。

たとえば，人格の尊厳を守るために構築された制度としての精
神的自由権（たんなる道徳上の権利ではなく，それを具体的に保障する
法的な制度としての権利）が，むしろ人の内面への無関心を呼んで
はいまいか？

あるいは，同様に人が大切にしている価値，生きる目標をそれ
ぞれに自由に追求することを保障する仕組みであったはずの人権，
とりわけ自由権が，現実には，ことに私有財産制度と自由な市場
経済のもとでは，経済的な利益，貨幣価値のほかの価値に対する
圧倒的な優越という結果をもたらしてしまってはいないか？

さらに貨幣的価値で測った豊かさの格差，経済的不平等が自由
な市場経済のもとで際限なく拡大し，社会的連帯を阻害している
のではないか？

あるいはまた，自由を保障することで，形式的に多様性を尊重
する枠組みを作った結果，実際には人間社会における多様性は減
じてはいないか？　たとえばそれは前述の，経済的価値のほかの
価値に対する優越という形をとることもあるし，また，経済的価
値の獲得に有利な文化・ライフスタイルと不利なそれとの間の格
差の増大，そこから帰結する不利なほうの衰退，という形をとる
こともあろう。

あるいはこのような懸念もある。各個人の自由と自律，尊厳を
保障するために価値の相対化，客観的な公的価値の存在の否定を

行うのはまさに逆効果だったのではないか？ そのように，個人それぞれについての自己の価値の自分にとっての絶対性を容認することは，他者に対する寛容と多元性の尊重ではなく，逆に自己の価値の絶対化によりかかり，他人の価値を無視して自閉することを促すのではないか？ 多様な価値を奉じる人々の共存にとって重要だったのは，価値の相対化よりもむしろ，人の誤りやすさ，可謬性の容認であり，誤りやすさ，可謬性という概念が意味を持つためには，むしろ正しさの普遍性を認めねばならないのではないか？

　こうした懸念が，20世紀末以降の，徳倫理学と，そして道徳的実在論の復興の後押しをしているようだ。

2 背景を探るための近代哲学史

近代哲学における
反実在論

すでに触れたとおり，概していえば徳倫理学の支持者は，メタ倫理学においては道徳的実在論にコミットすることが多い。それは先の事情を見れば明らかだろう。それに対して，むしろ近代の本流の一翼を担ったカント主義者の場合には，反実在論的傾向が強く，道徳を合意に基づく構築物とすることが多いが，これもまた決して理由のないことではない。

　以前も示唆したとおり，倫理学・道徳哲学にかぎらず，そもそも全体として見れば，近代哲学の本流はどちらかといえば反実在論のほうにあったといってよいのではなかろうか。もちろん厳密にいえば「実在論一般」などというものはなく，「××について

の実在論」という形で論じなければならないのだが。

　先には道徳的実在論を「性質についての実在論」の一種として捉えたので，その線をたどりながら考えていくことにしよう。性質や種，あるいは自然法則についての穏健な実在論の立場をとるならば，そうした性質や関係や法則性は，世界の側の客観的なメカニズムとして，人間の都合におかまいなく存在し，成立しているものである。むろん人間がそれについて適切な正しい認識を得ることはそれほどやさしいことではないが，不可能ではない。このような実在論が20世紀〜21世紀の状況下で先鋭化すると，世界のあらゆることは原理的には理想的に完成した物理学によって適切に理解できる，という物理主義，科学的実在論になる。

　それに対して極端な反実在論をとるならば，道徳どころか，普通のあらゆる自然的な分類カテゴリー，一番基礎的かつ個別具体的な存在者以外の，より上位のすべてが，客観的な実在ではなく，人間が世界を秩序立てて認識する必要から，世界の側に押しつける（投影する）枠組みだ，ということになる。具体的にいえばあらゆる自然種（生物分類の種だけではなく，有機化合物とか金属とか，あるいは原子，素粒子まで含めて），ならびにそれらの関係としての法則などは，客観的な実在ではなく，認識主体が世界に投影した枠組みだとする。いや，極端な論者の場合には，基礎的な個別具体的存在者の存在さえ認めず，認識主体の実存（デカルト的コギト）のみが実在する，とまでいうかもしれない。

原型としての
カント哲学

　そして実のところ近代哲学のメインストリームは，どちらかといえば反実在論のほうにコミットしてきた。これは一面では，哲学と実証科学との役割分担への意識の先鋭化と裏表の関係

にある。科学革命の時代に神学から自立した西洋哲学は，同時並行して科学との分離の緒にもついていた。そして18世紀末から19世紀のはじめには，現実世界のありさまを認識し理解する主役は実証的な科学となり，哲学の任務はその批判的吟味・点検である，という分業関係ができてくる（カント哲学の「批判」にはそのような含意がある）。

　カント的な構図，そこから20世紀前半のメタ倫理学における情動主義（の背後にあった論理実証主義という科学哲学）にまで引き継がれ，共有されていた哲学観とは「科学における理論は客観的真実そのものではなく，それについての人間の主観的な推測，仮説であって，人間にできることはそれをできるだけ真実に近づけていくことであり，真実それ自体に直接に至ることはできない」とでもいったものだった（カントの「物自体」という言葉づかいにはそれが現れている）。つまり，世界の客観的な現実の認識は実証科学の仕事だが，それは永久に終わらない漸近プロセスである。

　では哲学の仕事は何かといえば，その真実に神秘的な洞察力でもって直接到達すること——ではもちろんない。哲学の仕事は，そのような科学的作業が安全確実に行われるための基礎作業である，とされる。このような考え方を今日の哲学では「基礎づけ主義」という。科学の具体的な道具は仮説である。そうした仮説構築の作業を，論理的推論や概念の吟味によって基礎づけること，ある分野の科学においては有効な方法や概念がほかの分野では有効とはかぎらないのにそれが濫用される，といった「理性の暴走」を防ぐこと，これらが哲学の主任務である——。

　このような発想の原型はカントにあり，20世紀前半の論理実証主義で頂点に達した。メタ倫理学上の情動主義はこの論理実証

主義の影響を強く受けており，道徳的判断，価値判断の領域に実証科学の方法で切り込むことをいわば「理性の暴走」と見なしたわけである。情動主義の代表者 A. J. エイヤーは，論理実証主義の代表者の一人でもあった。

つまり「確実な知識の基礎」を求めてコギトにたどり着いたデカルトから，「物自体」のカントに至る流れを見れば，近代哲学の中心は認識論となり，存在論，形而上学は後景に退いたことがわかる。世界を認識する仕事は哲学ではなく科学の役目となり，哲学の主務は科学の吟味と基礎づけ，世界を適切に認識するにはどうしたらよいかを考える，という仕事になった。哲学が世界そのものについて考えること（つまり存在論）は，もはや「理性の濫用・暴走」扱いされかねなくなったのである。

このような 20 世紀前半において，規範倫理学から明確に独立したメタ倫理学が生まれたこと，またそのメタ倫理学において当初は情動主義が代表する道徳的反実在論が主流であったことの理由はある程度は明らかだろう。まず，このような考え方からすれば，倫理学は科学の一分野ではない。道徳法則は自然法則ではなく，道徳的性質は自然的性質ではない。道徳，倫理というものが仮にあるとすれば，科学的知識を利用する人間の実践の側にある。そうした実践を駆動するものを個人の主観的な感情，欲求に求めるならば情動主義となり，もう少し洗練させて，人々の共存を保つための実践への欲求に基づかせるなら，指令主義や規範表出主義となり，またカントにもつながっていく。

だが，すでに見たように，20 世紀末以降，道徳的実在論の影響力が着実に増してきている——このことは何を意味するのだろうか？

いったんメタ倫理学と規範倫理学の区別ができてしまうと「ものごとの論理的な順序からすれば，メタ倫理学のほうが基礎であり，その基礎の上に規範倫理学が成り立つ」と我々は言いたくなるが，実際に人間が行う知的営みとしては，その順序になるとはかぎらない。マッキー以来の区別も「メタ倫理学上の見解が自動的に規範倫理学的な見解を決定するわけではない」との含意を持っていた。むしろ大雑把な傾向としては，規範倫理学上のある特定の立場をとっている論者が，自分の主張の基礎をより堅固にしようとして，メタ倫理学的考察に乗り出し，その結果ある立場にたどり着く，という展開のほうが相対的にはよく見られるのではないか。その場合，先に触れたように，カント的な倫理学にコミットする論者はどちらかというと，メタ倫理学においては道徳についての反実在論に親近感を持つことが多いように思われる。

　カント的な立場をとると，道徳のアルファにしてオメガは人間の尊厳であり，道徳は人々が互いの尊厳を平等に保障するための相互拘束，自己拘束ということになる。これを個人主義的に描けば自律，自己立法となるが，相互主義的に描けば合意，約束となる。

　カント的倫理学の現代的再興者としてのジョン・ロールズは，初期の『正義論』においては20世紀の「自然状態」ともいうべき「原初状態」の思考実験からの自然な合理的推論としてその「正義の二原理」を位置づけたが，すでに『正義論』で提示され，のちの『政治的リベラリズム』などではより前面に出てくる「反省的均衡」といった言葉づかいからは，対話を通じての合意形成

の絶えざる反復，という方向へのシフトが見られ，ユルゲン・ハーバーマスらのコミュニケーション的理性，対等な対話を通じての合意に道徳を基づかせる，討議倫理学の立場に近づいたといえよう。彼らの間では人間の尊厳，それを具体的に保障する仕組みとしての人権の普遍性へのコミットメントは強いが，それらはあくまでも尊厳ある人間の合理的相互行為の帰結，到達点として捉えられ，人間とは無関係に存在する客観的な実在とは捉えられない。

　さて，このような人格の尊厳の相互保障として定式化された道徳には，そのかぎりではたんなる抽象的な形式にはとどまらない，具体的な内実があるといえなくはないが，守られるべき肝心の人格は，唯一無二性，かけがえのなさという以上の具体的な内実は持たされない。いや，実際には理性とか自由意志とかがもちろん与えられているのだが，その理性と自由を用いて何をするか，何を望むのかという点においては，それぞれに唯一無二たるそれぞれの個人においてバラバラに多様であり，形式的な同型性はあっても内容的な共通性は薄められており重視されない。そこでは道徳は抽象的な形式なのだ。ヘア的指令主義やブラックバーンの投影主義的準実在論，あるいはロールズやハーバーマスらの討論と重なり合う合意，といった議論においてはこのような道徳観が主導的である。

　これに対して徳倫理学は，このようなカント主義（そして功利主義）の内実を欠いた形式的な人格概念を批判し，具体的な徳を備えた理想的な人格の涵養を目指すのだが，その内実は歴史的伝統や，生物学的進化の結果としての自然的性質によって与えられたもの，と見なす。カント主義や功利主義の希薄さ，抽象性，形

式性に対して濃密さ，具体性がその特徴である。さらにそれは人為の所産ではなく，人間にとってはむしろ所与の自然である。

　振り返って確認しておこう。メタ倫理学が分野として自立した20世紀前半においては，同時代の科学哲学の影響もあり，反実在論的気運が高まっていた。道徳的判断は客観的認識ではなく，主観の表明だという情動主義——そしてその基礎にある論理実証主義のスタンスは，伝統的な哲学的倫理学に対する批判であり非難をも含んでいたと解釈できる一方で，倫理，道徳を，人為を超えた客観的な現実としてではなく，自由な主体としての人間の選択の結果と見なすことで，むしろ人間の尊厳を尊重しようという意志をそこに見て取ることもできる。道徳を含めた価値の多元化した社会における倫理学は，もはや単一の正しい道徳的価値の秩序を掲げることはできない，という認識がそこにはある。

3 同時代現象としてのポストモダニズム

近代リベラリズムへの批判

　それに対して20世紀末以降のメタ倫理学における，道徳的実在論の復興は何を意味するのだろうか？　ここで我々はマルクス主義，そして20世紀後半のポストモダニズムにおけるリベラリズム批判をいったん経由してみる必要がある。私見では，社会思想史的に見れば，徳倫理学の復興はポストモダニズムと同時代的な現象である，といえる。

　マルクス主義は主として近代リベラリズムをその経済的自由主義の側面に焦点を当て，個人の自由を形式的にのみ認めて，自由

な市場経済のもとで必然的に生じる不平等を看過したとして批判したのだが，とりわけおおむねジェルジ・ルカーチ以降の20世紀の「西側」マルクス主義（ハーバーマスもその系譜に立つ）においてはそこから進んで「近代リベラリズムはただ人々にそのような格差構造，社会的不平等を押しつけるだけではなく，それを当たり前のもの，あるいは自然なものと思い込ませ，洗脳するイデオロギー（ここでは「欺瞞」「虚偽意識」とでもいった意味）である」とまで主張されるようになる。ポストモダニズムのチャンピオンとでもいうべきミシェル・フーコーの権力分析は，フリードリヒ・ニーチェの「道徳の系譜学」はもちろんのことだが，こうした西側マルクス主義の論点をも継承したものとして解釈することができる。

　リベラリズムの原理論においては，すべての人間が等しく，尊厳ある人格として扱われて「格付け」という意味での評価はされず，「正しい行い」へと導かれることはあっても「正しい人となり」へと導かれる必要はないはずであるにもかかわらず，近代においても実際には，人は「正しい人となり」へと躾けられる。それは主として，公的領域から隔離された私的空間，典型的には私人の家に封じ込まれることによって見えにくくされ，問題とされにくくされる（家長の監護下にある女・子どもは公的領域における一人前の主体——市民＝公民ではない）。

　しかしフーコーが仔細に分析したとおり，近代においてはこうした躾が家からあふれ出し，新しいタイプの公的な施設——学校，病院，工場，兵営へと拡がり，むしろそちらのほうを拠点とするようになっていく。しかしそうした公的施設の統治の主体は，当然ながら躾けられる人々ではない——工場の所有者は労働者たち

ではない——。しかしリベラルな道徳哲学は，こうした緊張から
目を背ける。労働者は契約のもとで命じられた作業をしているだ
けであり，経営者に従う従順な精神と身体（つまりは徳）を錬成
されているわけではない，と。あるいは学校は親の委託を受けて
子どもを監護している，あるいは，監護責任を果たす親が不在の
場合には，国こそが監護者である（国親思想），と。

近代批判と徳倫理学

このような「ポストモダン」的な近代道
徳批判に，一見復古的な徳倫理学の流行
が実は呼応している。つまりフーコーが分析した「躾・調教 dis-
cipline」とは，実は伝統的な意味での徳の陶冶にほかならない。
近代リベラリズムの理念は，躾・調教を人格の尊厳への侵害とし
て否定したつもりでいながら，近代社会の実務はそれを否定する
ことはできなかった。しかしそれに対して原理的な正当化を与え
ることは，近代リベラリズムの枠内では困難である。むしろ伝統
的な徳倫理学の発想のほうが，それへの正当化を与えやすい。し
かしながらそれはもちろん代償をともなう。すなわち，近代リベ
ラリズムが否定したはずの，対等で自発的な同意なしでの人の心
身への介入，さらには人の間の格付けと差別の可能性に，それは
道を開いてもしまうからだ——。

　現代の徳倫理学者たちも，自らの議論に潜むこのような危うさ
は自覚しているのだろうか，必ずしも現代社会における価値の多
元性を否定しようというわけではない。少なからぬ論者は，リベ
ラリストのグローバリゼーション称揚への対抗のためにか，むし
ろ多文化主義 multiculturalism にコミットさえしている。ただ徳
倫理学＝共同体主義からの多文化主義へのコミットメントは，相
当に屈折したロジックに従っている。すなわち，すでに触れたよ

うなリベラルな社会における個人の自由の保障，個人レベルでの多様性の称揚が，実際には支配的文化や商業主義のもとでの，文化の多様性の低減をもたらすことへの警戒からくる多文化主義，各コミュニティの自律性の擁護は，その反面で，個人レベルでの選択の自由の無制限な展開への警戒心にもつながっている。いずれにせよリベラリストが目を背けがちな，道徳における非対称的・強制的な契機から目を背けまい，という態度が，徳倫理学の美点と危うさをともに形作っていることは否定できないだろう。

　またメタ倫理学のレベルでは，こうした現代における徳倫理学を支える道徳的実在論の哲学的議論は，主として「道徳的価値が実在しないと考えると理屈に合わない」「道徳的主観主義は内在的に矛盾を抱えている」というふうに，道徳的反実在論の矛盾や非合理的なところを突いて，帰謬法・背理法（「Pと仮定すると矛盾が生じる，ということは not P が正しい」）という論法に頼るところが多く，実在する道徳的価値の具体的な中身について論じることは案外少ない。なぜかというと，それをやってしまうと，結局，メタ倫理学の域を超え，通常の規範倫理学的作業とあまりやることが変わらなくなってくるし，道徳的価値の（ある程度の）多様性を認めるなら，それに応じて煩雑な作業になってしまうからかもしれない。

4　現代形而上学とメタ倫理学

現代哲学からの影響

　メタ倫理学における道徳的実在論の復興はまた，形而上学，存在論の現代的展開

（たとえば「実在論」の回で触れた性質の理論など）とも平仄（ひょうそく）をあわせた事態であるといえよう。実際，道徳（的性質）というものがはたしてこの世界に存在するのかしないのかをまじめに問うという作業自体，存在論，形而上学の課題以外の何ものでもない。

　このような展開はもちろん，個別具体的な存在者，個体とは異なる，種や性質などの普遍者の存在論（それはまた可能世界意味論といった道具立てをも援用して行われる）であるとか，あるいは因果関係論（ここにも可能世界論は顔を出す）や（実証的心理学・認知科学に刺激を受けた）心の哲学の展開をふまえての自由意志論の見直しなど，形而上学・存在論プロパーの議論の隆盛に影響を受けている。しかしその反対に，ちょうど規範倫理学からの要請がメタ倫理学に刺激を与えているように，メタ倫理学を含めた倫理学的な関心が，存在論，形而上学に刺激を与え，その新たな展開を促すという側面も見られる。

| 自己同一性の相対化 |

最もわかりやすいのは，デレク・パーフィットのケースである。パーフィットの『理由と人格』全体は，人生哲学，個人レベルでの合理的生き方についての自己利益説を論駁し，倫理的な利他主義の合理性を論証する，という目標によって統合されているのだが，いわばその副産物として，自己利益説の前提とする「自己」，時間を通じて一貫して同一性を保つと想定される人格の同一性が疑われ，相対化される。人格それ自体は自明に同一性を保って存在する個体なのではなく，より小さな単位（短期的な心的状態）の集積体にすぎないのではないか？　と。そうだとするならば利己主義，個人の利益を排他的に追求するというプロジェクトも，実は複数の存在たちに共通の利益の追求や，それらの間の利害の対立の調停を含

み込んでいるのであり，そうである以上，利己主義はその見かけとは異なり，普通の意味での道徳，複数の個人たちの共存のための技法，戦略とはっきりと次元を異にして対立するようなものではないことになる。極端な言い方をすれば現在の自分が将来の自分のことを気にかけ，配慮するのは，その将来の自分が現在の自分と疑問の余地なく同一の存在であるからというわけではなく，現在の自分ときわめて親しい存在だからである。だから原理的には，遠い未来の自分と，今現在の自分にとって親しい他人とでは，どちらがより今の自分にとっての配慮に値するかは，直ちには明らかではない，といった議論が成り立ちうる。

この議論は当然，倫理学上の文脈を超えて，人間，より広くは合理的主体一般の存在論に対しても影響力を持つ。つまりパーフィットの場合，功利主義的な主張を基礎づけるための作業がメタ倫理学的な道徳的実在論に，さらには人格の同一性についての形而上学に，そもそも人格とは何か，ということを問う人格の存在論へとつながっていったのである。

第5回にも触れたが，パーフィットの師匠筋にあたる R. M. ヘアの場合には，メタ倫理学のレベルでの問題意識から指令主義を提唱したのだが，指令主義からの自然な流れとして——つまり指令主義の枠内で許容されうる規範倫理学説として——ある種の功利主義，カント的な発想ともいえる，道徳規則の普遍化可能性を重視し，個別の行為のではなく行為の一般的規則のもたらす効果に照準する規則功利主義，さらには道徳的思考における，日常的行動を導く直観的レベルと，そうした常識道徳を反省的に吟味する批判的レベルとを区別する二層理論を提示した。それに対してパーフィットの場合はむしろ逆に，功利主義の根拠づけのための

議論がメタ倫理学，さらには存在論・形而上学に延長され，穏健な非自然主義的実在論の見地から，功利主義，カント的権利論，徳倫理学のいずれも究極的にはこの同じひとつの道徳的真理へと行きつく──「同じ丘を違う経路から登っている」と考える。

メタ倫理学の態度と
道徳原理

前回でも触れたが，パーフィットや多くの徳倫理学者のように，道徳的実在論の立場を明言するにせよ，あるいはブラックバーン流の準実在論，あるいは虚構理論や手続的実在論のように，「普遍的な妥当性を発揮する人工物」として捉えるにせよ，現代のメタ倫理学は「普遍的客観的な真理としての道徳性というものはあるといって差し支えない（いやむしろいうべきだ）」という方向に向かっているように見える。現実に見られる，歴史的かつ社会的な道徳規範の多様性は，あくまでもある範囲内でのものにすぎない（それらさまざまに異なる道徳規範を「それでもそれらは道徳規範である」と同じ仲間にくくることのできる理由がある）し，それらはあくまでも可能性としては，より多くの人にとって受容可能なものへと変化し，互いに似通ったものへと変容していく，という展望である。

　しかしながら，「普遍妥当的な道徳原理というものが存在し，人間はそれの正しい認識にどんどん近づくことができる」ということが仮に正しかったとしても，あらゆる問題に対して適切な道徳的に正しい唯一無二の解答が与えられるかといえば，そういうわけではない。

　道徳的難問に対する解答が容易に一致しない理由は，たんにさまざまな道徳原理があり，それら異なる原理からは，異なる解答が出てくるから，というだけではない。同じ道徳原理のもとにお

いても，場合によってはひとつの正しい解答が必ず出てくるとはかぎらない。あるいは，原理的に解くことができないような難問があるのかもしれない。

　本講義後半の応用倫理学の解説は，この観点をふまえて行っていきたいと思う。

 読書案内 ●●●

　前回までの参考文献のほか，科学哲学についてもある程度勘がはたらくようになるとわかりやすい。ということで電子書籍でも手に入る**野家啓一**『**科学哲学への招待**』（ちくま学芸文庫，2015年）あたりを薦めておく。オーソドックスな入門書である。

　倫理学にとってのニーチェについては，フリードリヒ・ニーチェ『**道徳の系譜学**』（岩波文庫ほか）を読んでおこう。このほかには**永井均**『**ルサンチマンの哲学**』（河出書房新社，1997年），『**これがニーチェだ**』（講談社現代新書，1998年）が参考になる。

　徳倫理学からのマルチカルチュラリズムへのコミットメントについてはチャールズ・テイラー『**マルチカルチュラリズム**』（岩波書店，1996年），そのほか論及したのは前出の**R. M. ヘア**『**道徳的に考えること**』やデレク・パーフィット『**理由と人格──非人格性の倫理へ**』（勁草書房，1998年），ユルゲン・ハーバーマス『**イデオロギーとしての技術と科学**』（平凡社ライブラリー，2000年），ミシェル・フーコー『**監獄の誕生──監視と処罰〔新装版〕**』（新潮社，2020年）。

　西側マルクス主義からポストモダニズムにかけての思想史についてはマーティン・ジェイ『**マルクス主義と全体性──ルカーチからハーバーマスへの概念の冒険**』（国文社，1993年），前出の稲葉振一郎『**政治の理論**』も参照のこと。

第9回

政治哲学

　規範倫理学から話を始めてメタ倫理学に向かい，両者が互いに
駆動し合い吟味し合う間柄を瞥見（べっけん）したうえで，具体的な社会的・
政策的問題を各論的に問う応用倫理学の解説に向かいたいのだが，
その前に，あらためて規範倫理学の復習と，応用倫理学への導入
を兼ねて，政治哲学の解説を行っておきたい。

1 「公と私」のルーツ

政治哲学との近接　規範倫理学と政治哲学の区別というのは実のところ曖昧で，言葉の上だけのものだと片づけてしまってもよいかもしれない。身も蓋もなくいえば倫理学は哲学科・倫理学科卒の，政治哲学は政治学科・法学科卒の研究者が名乗ることが多い，くらいに思ってもらってもいい（ここに法哲学が入ってくると，大体の法哲学者は政治哲学者も兼ねるのでまたややこしくなるが，判例が少しは読めるのが法哲学者，読めないのが政治哲学者，くらいに思っておくと当たらぬといえども遠からずである）。ニュアンスとしていえば倫理学には原理原則の，あるいは人間生活全般にかかわる主題の探究という色彩が強く，政治哲学・法哲学には，共同体のなかでの公共的意思決定にかかわる哲学的研究という色彩が強いが，あくまでも程度問題である。

　ただ，政治哲学においては，抽象的な原理原則を，具体的に，それも心がけ次第では誰にでもできる個人レベルではなく，公共的，制度的に実現するにはどうしたらよいか，という課題が避けられないため，ある意味で倫理学の総括という側面もある。他方，応用倫理学は実践的にいえば政策哲学とでもいうべきものだから，政治哲学がその基盤をなすことは言うまでもないし，経済政策とか憲法体制といった大きな主題は，各論としての応用倫理学に対する，総論としての政治哲学の守備範囲である，ともいえよう。

これについては，古典的な徳倫理学と，功利主義とカント主義を両極とする近代のリベラルな倫理学との対比ともかかわるので，少し付言しておこう。

アリストテレスの『ニコマコス倫理学』は『政治学』とセットをなし，両者は前後篇を構成するまとまったひとつの論考として読まれることを期待されてもいる。つまりそこでは，倫理学と政治学はなだらかに連続したひとつの主題として扱われている，といえる。前篇において立派な大人，有徳の市民とはどのようなものであるのか，が論じられ，後篇において，そのような有徳の市民たちの共同体とはどのようなものか，が論じられる，という構成になっている。このようななだらかな連続性は，中国思想，たとえば儒学においてはより顕著ではないだろうか。ここでの政治，というより共同体の運営とは，立派な人，知恵があり度量が大きい人がリーダーとなり，あるいはそうした人々が協働してやりくりしていけばよいものとしてイメージされている。

もちろんたとえばアリストテレス『政治学』を見たときに，我々は政治制度，誰がどのようにして決定を下し，その責任を負うか等々についての議論を見出せる。君主政，貴族政，民主政という政体，政治制度の分類法はその後二千数百年にわたる政治論の基本枠組みを提供している。しかしながらそうした政体論と比べたとき，アリストテレス『政治学』には今日の我々なら政策論とでも呼ぶであろうものは少ない。

それに対して近代の世界観は，倫理，道徳と政治，法，公的制度との間に（それはもちろん両者が無縁であることの主張ではないにせよ）はっきりとした断絶，異質性を意識したものとなっている。

そのうえで「政治」とは区別される「政策」(そして「行政」「管理」)とでもいうべき問題系が確立している。近代社会とは,価値観を共有していない人々が共存するだけではない。互いに見知らぬ,その存在さえ関知しない人々が,市場経済というネットワークでつながり合い,自覚的なコミュニケーションをともなわないにもかかわらず「見えざる手」に導かれて相互依存して生きている社会である。それゆえにそこでの政治も,もはや日常的なフェイス・トゥ・フェイスの間柄の人々が自覚的に行う共同作業ではない。それはむしろ統治する側とされる側が明確に分かたれたうえで,統治する側がされる側を一方的に支配する営みとして現れてくる。

| 古代／近代の政治 |

古典古代のギリシア,ローマの政治は有徳の自由人たちの集団的自治としてイメージされるのに対して,近代の政治は絶対的な権力者による一元的統治としてイメージされる。この絶対的権力者は一人の君主でもありうるし,貴族集団やあるいはすべての市民たちの合議体でもありうる。そのような形で古代以来の政体論は近代にも生き延びている。しかしながらこの統治主体は,それが単独の個人であれ多数の人々からなる合議体であれ,いったんその意志が統一されれば,その意志の遂行——それが政策である——は,統治される側のあらゆる抵抗を排して一方的に,強制的に行われる。それは民主政の場合でも,討論の結果合意がなされたならば同様に強制的であり,その合意を人々がめいめい自主的に遂行する,といった日常的な共同事業での自治とはかけ離れている。決定の結果は基本的に,それを遂行する独自の機関,つまり行政機構によって強制的に行われる。——実際にはともあれ,極限的なイメージ

としてはこのようになっている。これから見ていくように，それはカント主義の場合にも，功利主義の場合にも変わらない。やや先取り的にいえば近代リベラリズムの倫理学は，統治権力に従い，法を守って過ごす私人としての倫理と，その統治権力に参加し，政策を実施する公人の倫理とに二重化しているのだ。

公と私の区別　公と私の区別とは，もちろん古典古代のギリシア，ローマの共和政（民主政と貴族政）社会に由来するものだが，実は近代社会はこの公と私の二分法では捉えきれない次元を持つ。近代社会の私生活は，自給自足では（近似的にも）完結できず，開かれた市場，市民社会のなかでの，見ず知らずの他人相手をも含めての直接間接の膨大な取引なしには成り立ちえない。にもかかわらずそれが「私的」といえるのは，もし市場がスミス的な意味での「見えざる手」に導かれた競争的な環境であれば，特定の取引相手のことを気にせず，市場に成り立っている「相場」のことだけ考えて，それに追随していればいい（「価格受容者 price taker」の仮定）からである。競争的な市場相手の行動は，物いわぬ物理的自然相手のそれと基本的に変わりない。相手の出方に応じてこちらの出方をあれこれ考えて変える必要はない。

「法を作りそれを執行する」ということを軸とした近代の政策観は，このような市場を典型とした「万民が同じように直面する環境」を，法的制度であれ物理的なインフラであれ整えることを中心とし，特定の個人の行動への介入は主眼とはしない，という発想はスミス『国富論』に暗示されている。このような世界観のなかでの私人の倫理はそれゆえ，家などプライベートな領域，私生活での振る舞い方よりは，公共圏での振る舞いを主題とするが，

それは他人との具体的なかかわり方や、公事への積極的な参加を主題とはしない。法を中心とする公的環境への順応がその主題になる。これに対して公人の倫理、これが狭い意味での政治哲学の主題となるが、どうすればよりよい政策決定ができるのか、が主題となる。すなわち近代世界では、私人としての正しさ、よき生き方と、政策決定の合理性とは、（まったく無関係ではないにしても）別個の課題となってしまう。私生活において、そして平凡な一市民としては正しい行いをするよき人であることが、公共政策の意思決定において適切な判断を下す能力があるということをまったく保証しない（逆もまた然り）のである。

　しかしこの２つの次元の間には、古典古代人が気づいていなかったような厳しい断絶があるとはいえ、さりとて互いにまったく独立で無関係というわけではない。リベラリズムのはらむ問題性がいろいろと明らかになりつつある今日、あらためて、この断絶の影で見失われた徳という契機に、この断絶を克服するため、とまではいわないにしても、そこに橋を架け渡すためにも、注目する必要がある――このような認識が、近年の徳倫理学、共同体主義の背景にある。

2 カントからリベラリズムへ

　これまで「カント主義と功利主義の対立は同じ土俵＝リベラリズムの上でのものにすぎず、徳倫理学はその土俵ごとひっくり返そうとしている」と何度か述べてきたが、それはどういうことか簡単に見直そう。

カントの道徳哲学は人格の尊厳だとか自

律だとかかなり抽象的なレベルの話が軸

になっているが，その道徳観の根本には「道徳というのは法のよ
うなものだ」「あるべき法とは道徳の実現だ」というような感覚が
ある。道徳を人となり，人の性質とかではなく，人の外側にあ
って人を導き，制約するルールと考えるのだ。カントにも「徳」
という発想がないではないが，カント的な徳とは「このような道
徳を構築しそれに従うことを自ら欲するようになること」とでも
いった感じであり，アリストテレス的な徳とはややニュアンスが
異なる。

だからカント的には道徳的な人々が作る社会，そのなかで道徳
的に生きられるような社会とは，乱暴にいえばある種の法治国家
である。人間の尊厳は人権という形で具体的に制度化され，法に
よって守られる。法のもとでは誰もが平等であり，等しくその権
利を尊重される。

法は直接的には人の行為に対する制約だが，その本旨は人の自
由の制限ではなく，逆にその保障である。人々が互いに好き勝手
に振る舞って互いの自由を損なうことがないようにする，という
のが基本的な考え方だ。憲法学的にいえば思想の自由，表現の自
由などの精神的自由，財産権や職業選択の自由などの経済的自由，
これらの背後にはこのような考え方がある。

通常は，心の中で思っただけ，考えただけでは，なんら他人に
対してよくも悪くも影響を与えることはないのだから，思想信条
の自由は基本的な権利として承認される。思っているだけではな
く口に出したとしても，実行に移さないのであればやはり具体的
な影響には直結しないので，言論，表現の自由もまた（内面的な

カントの道徳観

思想信条の自由に比べると制約される可能性は強いとはいえ，原則的には）承認される。

　経済活動に関していえば，基軸となる仕組みは財産権である。人々は他人の財産を勝手に使用することはできないが，自分の財産であれば基本的に自分の好きに利用，場合によっては処分してかまわない。このように占有，所有は経済的自由の中核である。もう一歩進んで，自分の手持ちの財産だけではできない事業を行うための，取引について考えよう。他人の財産を勝手に使うことはできないが，他人の合意のもとでなら可能である。自分の財産を自分の自由に使えるという権利のなかには，合意のもとでそれを他人に使わせる権利もまた含まれている。このような双方の合意に基づく財産の相互利用の取引のネットワークが「市場」である。

カントの要請する法秩序

ここまでで，カント的なヴィジョンからわりあい自然に「法治国家」「自由な市場経済」を備えた社会が求められる理路はおわかりになるかと思う。では，そのような法秩序がどのように作られ，維持されるかを考えてみよう。

　どのような法が必要とされるか。その大まかな方向性は，人格の尊厳の尊重という根本原理から導き出されるとしても，具体的にどうやってその法は作られ，施行され，守られるのか？　原理的には，人間以外のもの（神？）によって外側から与えられても，単独の立法者によって与えられ，単独の統治者（君主）によって施行されてもよいが，カント的に道徳を自己立法，自己統治と考えるならば，統治の対象となる人々すべてが関与する集団的自己統治としての民主政治が，この場合のスタンダードということに

なる。

　このようにして，カント的なヴィジョンからは，自由な市場経済と，リベラル・デモクラシーの組み合わせという政治経済体制が，望ましいものとして導き出されてくる（むろんその歴史的な背景には，ホッブズ，ロック，ルソーの社会契約や自然法をめぐる議論，またヒュームの慣習論などが横たわっている）が，功利主義の場合にはどうだろうか？

**功利主義と
リベラリズム**

カント的観点からは法は人の尊厳を保障する手段であるが，人の尊厳自体は抽象的な理念であり，具体的には法を作りそれを守ることそれ自体が目的であるかのように見えてしまう。それに対してベンサムの場合には，もっと軽く「法とは公益を実現するための道具である」という割り切った考え方がほの見える。

　カントの場合には人格の尊厳を万人に平等に保障することが重要であり，その手段として，万人に等しく適用される普遍的なルールとしての法という手段は，ほかに替えようがないものであるが，ベンサム的な観点からは，法は純粋に道具であり，法のない統治，あらゆる事態に応じて個別具体的に異なる指令を出し続ける統治，というものも理論的には考えられる。カントの場合は「法の支配」は原理レベルの重要性を持つが，ベンサムの場合にはそうではない。

　細かいことをいえば，ベンサムは本来法を学び，法律家となるはずだったのが，当時の英国の法体系が（彼の眼には）混沌そのものであったため，合理的な統治の原理を構築する必要を感じ，そこから独自の統治理論としての功利主義に到達したのだが，その彼の目に混沌と映った当時の英国の法体系とは，わかりやすく

法典に整理されたものではなく，いわゆるコモンロー，過去からの慣習，裁判所に蓄積された判例のなかから，法律家によって見出され整理された法理のことだった。根本的な原理原則から出発した体系を合理的な知性と見なしがちな大陸欧州の哲学に対して，経験的な知識の蓄積を重んじる英国哲学の伝統と親和性が高い発想といえなくもないが，ベンサムはそういう伝統に対する反逆者，異端児だったともいえよう。

　そのような意味で功利主義の観点からは，法治国家も，市場経済も，民主政治も必須ではない。「善意のエリートによる独裁制を容認する」という批判が寄せられるゆえんでもある。ただほとんどの功利主義者は，最も自然な統治の手段として法治国家，市場経済，民主政治が理にかなっている，と判断する。その理由もたんなる偶然ではなく，「だいたいにおいて自分のことは自分が一番よく知っている」がゆえに，統治においても個人の自主性，自律，自己決定を尊重することが合理的である，というところである。「そこでは人の自由が手段化されており，それ自体が目的として尊重されていない」という批判にも「だからそれの何がいけない？」と返されるだろう。

徳倫理学とリベラリズム

　徳倫理学の回においては，カント主義と功利主義は「人格それ自体の道徳的価値を問わず，行為に照準する」というレベルにおいて，つまりはある意味でメタ倫理学的なレベルで「同じ土俵に立っている」と批判され，行為ではなく人格それ自体を道徳的価値の帰属先とするという形で徳倫理学の独自性が提示された。

　それに加えて，今回の議論をふまえるなら，実践的な体制構想，

政策提言のレベルでも，カント主義と功利主義は実質的には大差ないところに落ち着いてしまう，という批判がありうるだろう。ただし，それでは徳倫理学のほうから，これらに対抗しうるオルタナティヴな制度構想が提示されているかというと，かなり疑わしい。

　だが，古典古代の復興という契機を重視して，あえて近代リベラリズムと徳倫理学の対比を行うならば，先にも示唆したように，カント主義と功利主義の政治論が制度や政策に焦点を当てるのに対して，徳倫理学の場合には政策や制度よりもその政策を決定する，あるいは制度を構築するプロセスとしての，狭い意味での（「行政」とは区別された意味での）政治，それもその機構・制度（議会制度や選挙制度など）の設計よりも，政治を担う人々の主体的な力量（すなわち公民的徳）の涵養に力点を置く，といってよいだろう。

3 リベラリズムとマルクス主義

対立する主要な論点

とはいえ，リベラリズムといえばみんな一緒かといえば，やはりそうではない。実践的な政治理論としてのリベラリズムの枠内で，路線対立として目立つのは「小さな政府」対「大きな政府」，言い換えると法と秩序の維持といった最低限の社会的インフラの確保に国家の機能を限定しようという保守的自由主義（ネオリベラリズム），リバタリアニズムと，自由の平等な保障を実質化するためには，教育の機会均等や公的扶助，雇用保障や医療保障などの積極的社会政

策，さらには富の再分配といった福祉国家的施策が必要である，という主流のリベラリズムとの間の対立である。

ここで注意すべきはこのような対立，むしろ現実政治における右派対左派，保守対革新といった対立構図のなかで我々にとって親しいものであるこの対立と，これまでこの講義で見てきた哲学的立場の対立とは，次元を異にするらしい，ということだ。

たとえば『正義論』でロールズは後者の立場をとり，福祉国家の哲学的正当化とでも呼べる作業に注力した。それに対して『アナーキー・国家・ユートピア』でロバート・ノージックは，同じくカント的な発想を重視して功利主義を退けつつも，最小国家論を唱えて前者にコミットする。他方，功利主義陣営のなかでも，自由な市場の競争促進機能を信頼して最小国家論に近い立場をとる論者もいれば，福祉国家論者，場合によってはより介入主義的な社会主義的発想に立つ論者もいる。政治における対立の線は，実にさまざまな形で引かれているのである。

なお，この「小さな政府か大きな政府か」「最小国家か福祉国家か」という対立は，1970年代の石油ショックに引き続く先進諸国の経済危機のなかで先鋭化するが，実はこの時代までは市場経済とリベラル・デモクラシーの組み合わせを（つまり思想的にはリベラリズムもリバタリアニズムも），資本主義のもとでの格差と不平等を容認するものとして丸ごと否定し，自由な市場経済を排した社会主義計画経済のもとで，福祉国家以上の徹底した平等化を目指す，マルクス主義の影響力がまだ強かった（北欧福祉国家においてとくに存在感を放つ「社会民主主義」は，せいぜいが福祉国家論であり，市場経済を否定しないリベラリズム左派である）。

しかしながらソ連東欧の「現存する（現存した）社会主義」諸

国がいずれも自由を抑圧する独裁政権となり，エリートと一般市民の間の格差も甚だしく，1980年代以降は経済的にも非効率で目に見えて停滞してきたので，西側におけるマルクス主義の権威が失墜したのみならず，当の東欧圏でも失墜して，90年前後に大規模な体制転換が生じたことは記憶に新しい。学術思想のレベルでのマルクス主義の影響力はまだなくなりきってはいないが，資本主義市場経済に対するオルタナティヴとしての社会主義の信頼が失墜したので，資本主義の欠点を指摘する批判理論以上の役割を果たすことが，現代のマルクス主義にはできない。

| リベラリズムと
マルクス主義の対立 | 冷戦時代におけるリベラリズムとマルクス主義の対立は，今日の状況からはやや想像がつきにくい奇妙な形をしていた。 |

まず冷戦期においては，「小さな政府」論は旧世代の自由主義として影響力はそれほど強くなかった。ケインズ主義や福祉国家的介入の必要性については，西側先進諸国においては右派と左派，保守と革新の間で緩やかな合意がとれていた。そのうえ社会経済体制としては，そのような修正資本主義体制と，東側の社会主義計画経済体制との間には，ともに市場と計画の混合体制という意味では，もはや根本的な質的相違はなく，その混合の具合・程度に差があるのみ，と考えられ，東西両体制の相違は主として政治的自由の有無にある，というふうに考えられることが多かった。「東側の共産主義に負けないためにも福祉国家の充実を！」という考え方が説得力を持った時代である。

　このように，資本主義と社会主義の対立をそれほど深刻に考えないリベラリズム多数派に対して，両体制の根本的な違いを重視するマルクス主義者が対峙する，という対立構図があった。そし

てなんとも皮肉なことには，マルクス主義者と保守的自由主義者，リバタリアンやネオリベラリストは，その価値評価が正反対なだけで，事実認識のレベルではむしろ共通しているところが多いのだ。

マルクス主義の
規範倫理学

それではマルクス主義の規範倫理学というものがどのようなものだったか，というとこれがなんとも今となっては理解しがたいものとなってしまった。マルクス自身に体系的な道徳哲学・政治哲学の著作はない。ただヘーゲル法哲学に対する断片的コメントや，主要著作の『資本論』などにおける，当時の主流派経済学に潜在していたある種のリベラリズムに対する批判があるのみである。

　未来への積極的ヴィジョンとしては，自由主義をさらに徹底化する，生産力の無限の拡大によって貧困をなくし，自由と平等の両立を目指す，という程度のものしかなく，具体的な制度構想はあまりない。あえていえば民主的政府による，市場を廃した指令型計画経済というイメージと，民主的な協同組合の連合体（資本家ではなく，労働者大衆が支配する市場経済？）というイメージの間を揺れ動いていた，というところか。

　付言するならば，マルクスはスミスが市場に見出した「見えざる手」に対しては懐疑的だったようだが，歴史のダイナミズムを支配する「見えざる手」，ヘーゲルふうにいえば「歴史の狡知」に対する信頼はあったように思われる。

　よく知られているようにマルクスはロバート・オーウェンら社会主義の先達たちを「ユートピア的」と批判したが，それにはいくつかの意味があった。

ひとつには，市場メカニズムに支配されている社会のなかで，ローカルな企業・共同体として社会主義を実践しても，資本家のビジネスとの競争には勝てず，社会変革はできない，社会主義を実現するためには，マクロ的な政治闘争，革命による社会体制まるごとの変革が必要である，とマルクスは論じた。その革命が暴力革命でなければならないか，法的手続に則った通常の政治過程のなかで達成可能かは，後に正統派マルクス主義と修正主義とを分かつポイントであるが，そんなものはここでの，ミクロなボトムアップの社会運動か，マクロ的なトップダウンの変革か，という対立に比べれば些末な問題である。

　いまひとつには，マルクスは，実際に革命の機運が高まる——資本主義が行き詰まる一方で，それを革命によって打倒し，かつその後の新しい社会を作る変革主体＝労働者の力量（知性，政治的組織力，等々。「徳」と言い換えてもよい）が十分になる——その前に，来たるべき社会主義のプランをあれこれと考えること自体が不毛だ，と考えるきらいがあった。逆にいうと，末期の爛熟した資本主義社会には，高度な技術，生産力と，それを管理し運用するに足る労働者集団が存在していて，それを私有財産制度，市場経済の軛から解き放てば，基本的には労働者の自治によって，ほぼ自動的に，自然発生的に社会主義が実現される，といわんばかりである。マルクスにおける「歴史の狡知」への信頼，というときに私が念頭に置いているのはこれである。

　これにももちろん好意的な解釈は可能である。資本主義社会が，大きな不正，不公平を生み出しつつも安定的に存続している間は，優先順位としてはまずはマルクスが『資本論』などで取り組んだように「一見うまくいっているように見える資本主義（正確にい

えばマルクスはこの言葉づかいはしていないが）をなぜ放置していてはいけないのか」をきちんと分析し，その抱える問題を明らかにして，人々を「資本主義をやめなければ」と説得することであり，そのうえで資本主義を打倒することであり，「資本主義以後の社会主義をどのように構築し運営するのか」についてあれこれ考えて議論することは，それに比べれば優先順位は落ちるだろう。ただ不要不急であるとか，無意味だということはあるまい。むろんマルクスがそこまで言ったかどうかは微妙ではある。

マルクスの二面性　しかしながらマルクス的な論争構図のなかでは，これは先の論点とともに初期「ユートピア的」社会主義の欠点を，そしてそれへの批判は，それと裏腹にマルクスの立場の優位を意味することになる。ミクロ・ボトムアップ重視と計画主義との間に論理必然的な関係はない（むしろ背反する？）し，マクロ・トップダウン指向と自然発生性への信頼との間にもやはり論理必然的な関係はない（むしろ背反する？）が，党派的な対立構図がいったんできあがってしまえば，抱き合わせにされてしまうし，論争のなかで「この抱き合わせには実は理論的根拠があったのだ！」という理屈がこね回されてしまうこともある。

　ふたたび好意的に見れば，マルクスのこの二面性——社会主義的変革の必要性を主張しながら，同時にその困難＝資本主義のそれなりの強固さを強調し，社会主義の青写真を描くことの不毛ささえ言い立てる，人間の自由と主体性を称揚しつつ，それを拘束する社会メカニズムの強固さを強調する——こそがマルクスの思想家としての，哲学者としての偉大さではある。しかしそれは政治論争の現場においては——マルクス，エンゲルス自身の場合以

上に，後継のマルクス主義者たちの間で増幅されたが——，敵対党派を陥れるためにダブルスタンダードを弄する不誠実なレトリックという悪につながる。

マルクス以後の
マルクス主義

マルクス死後の革命思想としてのマルクス主義には，啓蒙思想以来の進歩史観，その延長としてのヘーゲルの歴史哲学にも影響された，キリスト教の救済＝終末論を世俗化した歴史神学とでもいうべきものがあり，その正統派の解釈においては，人類史の完成（本来の意味での人類史の始まり）としての，革命による資本主義の打倒と社会主義，さらに共産主義社会の建設という目標（最終回で見る「大きな物語」）への貢献という形で人の生の意味づけをする，というものだった。この考え方からすればリベラリズムにおける自己目的（内在的価値）としての個人の自由の尊重は「イデオロギー」にすぎない。共産党，とくにロシア革命によって政権を奪取し，スターリンのもとで一定の安定を見たロシア共産党と，その権威を受け入れる各国の共産党の場合には，このような発想が支配的であった。

それに対して先にも触れたルカーチ以降のいわゆる西側マルクス主義は，マルクス主義と個人の自由，人間の自由意志をどのように調和させるのか，という問題と格闘し，「正統派」マルクス主義と西側の正統思想となったリベラリズムの双方を同時に批判する，という役割を引き受けてきた。もとより正統派マルクス主義が支配する東側社会主義圏には自由がないが，西側においても自由は，資本主義社会体制が許容する程度の幅の狭いものにとどまり，かつ格差・不平等という副作用をともなっている。そのどちらも拒絶して，本当の意味で自由で平等な社会を目指そう，と

いうその理念は美しいし，先に見たような本来のマルクス自身の発想──その二面性──ともむしろ近かったのかもしれない。しかしながら西側マルクス主義は，やや意外なことに，冷戦終焉，ソ連崩壊後，「正統派」マルクス主義ともども急激に存在感を低めていく。その理由のひとつは西側マルクス主義が結局批判理論しかできなかったこと，資本主義に対するオルタナティヴを提出できなかったこと，にある。現存するソ連型社会主義，西側資本主義それぞれの問題点を克服し，そのどちらよりもマシで，なおかつ実現可能な社会体制のヴィジョンを提起できなかった。批判理論から踏み出して規範理論の構築に乗り出した西側マルクス主義者は，ハーバーマスが好例だが，結局は左派リベラリズムの立場に行き着かざるをえないようだ。

　このように考えると徳倫理学的な政治哲学──共同体主義の勃興は，ポストモダニズムともども，マルクス主義凋落後のリベラリズム（とリバタリアニズム）批判の思想へのニーズを満たすためであったのかもしれない，という解釈が成り立つ。実際，共同体主義もまた，資本主義社会での格差の拡大と，社会的連帯の衰退を批判する。ただ共同体主義も（ことにソ連崩壊後の）マルクス主義同様，現代の自由な市場経済とリベラル・デモクラシーの欠点を批判することはできても，全面的なオルタナティヴを提示できているわけではない。多くの場合，共同体主義は多文化主義と反グローバリゼーションにコミットするが，それが時には排外主義や国家主義と共振し，個人の自由の軽視と密通する危険も否定はできない。

　そもそも，福祉国家的リベラリズムと最小国家論のリバタリア

ニズムとの対立の先鋭化も，共通敵であったマルクス主義の凋落
と無関係ではないだろう。高度成長期においては先進諸国では保
守も革新もおおむね，経済成長の成果をもとに福祉国家を充実さ
せていくことに対してゆるい合意があり，体制構想をめぐる先鋭
なイデオロギー対立は過去のものになった，という議論が流行し
た。しかし1970年代以降は経済成長が鈍化する一方で，資本主
義のオルタナティヴだったはずの社会主義の失調も明らかとなり，
福祉国家路線の是非をめぐるイデオロギー対立が先鋭化する。ロ
ールズ以降の政治哲学における論争の活発化には，こうした背景
がある。

4 グローバル正義論

グローバル化による
議論の要請

ここにさらに20世紀末以降には，グロ
ーバルな人類社会，という問題領域が入
ってくる。伝統的な倫理学・政治哲学に
おいては，普遍的な道徳や正義の話を本来しているはずが，実際
には，それを支える政治経済体制の話をする段になると，大半の
場合，体制を維持する統治権力の単位，つまりローカルな領域国
家の単位で議論が進むことが普通だった。

しかしながら実際には，人類社会は複数の国家から成り立って
おり，それどころかどの国家の手からも零れ落ちる人々（難民な
ど）がたくさんいる。このような問題を倫理学的にどう取り扱う
のか，という主題が急速に浮上してくる。

複数の国家に分かれた人類社会全体をどのように秩序化するか，

という課題はもちろん新しいものではない。振り返ってみればカントも実はこのような国際体制，人類社会という問題を強く意識しており，人類社会全体を統治する世界国家を意識的に退けたうえで，各地域の自治体としての国家の対等な連合による人類社会の統治（今日的にいえばグローバル・ガヴァナンス），という構想を提示していた。ただ「（その評価，是非は別として）人類社会の基本型は複数の国家の分立である」という認識自体は自明のものではない。しばしば大雑把に，ひとつの文明圏（宗教によるものであれ通商によるものであれ）がひとつの統治権力のもとにおかれる帝国型秩序と，現代の国際社会のような分権的秩序とが世界秩序のあり方の二類型として対比されるが，ヨーロッパにおいても後者が優位となるのは結局のところ宗教改革以降のことだろう。

主権国家と
グローバル社会

歴史を仔細に見ていけば，中世後期から近代初期の移行期におけるさまざまな興味深い展開があるとはいえ，近代社会科学は全般的に，この近代的な主権国家の分立体制を自明の前提として考えるきらいがあった。倫理学・政治哲学も同断であり，その原理的考察によって導き出される政策や制度を実現する主体は，暗黙のうちにローカルな主権国家を想定して議論されることがほとんどだった。

　しかしながら，一方では歴史研究の進展によって，主権国家分立体制という枠組み自体の歴史性・特殊性への認識が進み，他方では冷戦時代から一貫して進む，政治経済両面での各国間の相互依存の進行，さらに冷戦以降はそもそも国家単位を超え，はじめから国境を超えた形で展開されるビジネスの日常化——「多国籍企業」なる語が死語となり，「グローバル企業」がむしろ正常型

と見なされるようになる——といった社会的現実の展開もあって，規範倫理学・政治哲学が暗黙裡に国家の枠組みを自明視して議論することはもはや許されなくなった。

　とはいえ，このグローバル社会での倫理をめぐってもさまざまな路線対立があり，かつまたここにおいてもそれらは「カント主義者ならこう，功利主義者ならこう，徳倫理学者ならこう」という具合にきれいに整理できない。

　おそらく重大な論争点のひとつは，これからのあるべきグローバル・ガヴァナンスの枠組みとして，「社会経済レベルでのグローバル化が進展しているのだから，統治権力でも全人類単位で統合し，世界統一政府＝国家を目指すべき」という考え方と，「基本的に現状の，それぞれ独立した『主権（それが本当のところは何であれ）』を備えた国家の独立性・自律性を尊重しておくべき」という考え方との対立だろう。

　この点をめぐっては，大まかな傾向として見ると，功利主義者はかなり屈託なく「人類社会全体レベルでの最大多数の最大幸福を目指すべきだ」と断じ，各国ごとの主権の自律とか民族自決とか文化の独自性などには，それ自体に内在的な価値はなく，具体的な個々人の権利や幸福に比べれば，それらの優先度は二の次だ，と片づけるきらいがある。原則的にいえば，国境など無視して困っている人々を助けるべきだ，援助も人道的介入も原則どんどんやるべきだ，と（そう考えると，グローバルな統一権力があったほうがよい，となるのが普通だろう）。この臆面もない普遍主義の説得力は，現代における功利主義復興の一因であろう。

　逆に徳倫理学者の場合には，徳を裏打ちする伝統を重視するため，グローバル人類社会よりは国家やそのほかのローカルな共同

体に定位して議論を展開しようとする。徳倫理学者の多くが政治哲学的には共同体主義者 communitarian と呼ばれるゆえんである。

　それに対してカント主義，ロールズ主義者の場合にはあまりすっきりしない。「原初状態」というラディカルな思考実験を提示したはずのロールズが，「実はその思考実験の範囲は人類社会全体というよりはせいぜいひとつの国家レベルでのものと考えたほうがよい」と言い訳？をして，グローバル社会の構成単位を個人ではなく国家に求める穏健な現実主義につくのに対して，「グローバル社会でも個人単位での自由の平等を求めるべきだ」とするロールズ左派とでもいうべき論者もいる。ロールズの穏健な現実主義は，世界統一国家を排して世界連邦制を支持したカントにむしろ忠実といえるが，初期ロールズにラディカルな個人本位の普遍主義道徳の可能性を読み込むことは，必ずしも誤読とはいえまい。

　道徳の普遍妥当性を重視するのであれば，功利主義をとるにせよカント的な立場に立つにせよ，世界統一国家構想のほうが一貫したものと見えなくもない。しかしながら（またしても功利主義をとるにせよカント主義をとるにせよ）人間の知恵，能力の有限性，可謬性を重視するのが自由主義，リベラリズムの知恵であるというならば，圧倒的な実力を独占する主権国家がたったひとつだけになってしまう，という状況を，全面的に肯定することにもまた，一抹の不安は残る。カント＝ロールズ的立場を継承する論者たちの間にある揺らぎは，こうした不安を継承したものであるのかもしれない。

5 現代戦争論

　政治哲学を論じたついでに，現代の倫理学・政治哲学において戦争，武力行使はどのように論じられうるか，考えてみよう。

無差別戦争観から
戦争違法化論へ

　　　　　　　　リベラリズムの政治哲学を前提とした場合には，先にグローバル・ガヴァナンス論においてもカント的な独立国家の世界連邦構想と，リベラルな世界帝国構想とでもいうべき両極が考えられるとしたが，そこでの戦争論においても必ずしもこの両極にきれいに対応するわけではないものの，やはりいっけん互いに対極的な２つの戦争観を導き出すことができる，と私は考える。

　ひとつは，これはもう過去のものとなった無差別戦争観であり，近代主権国家は原則的には自由に戦争を行う権利があり，戦争状態に入った交戦国は国際法の下では平等に扱われ，どちらが正しいとか間違っているとかいった差別はつけられない，とするものである。

　どうしてこれが「リベラル」と言いうるかといえば，第一に戦争の主体としての諸国家が権利上平等に，無差別に扱われているからであり，第二に，いわばその前提として，正当な暴力行使としての戦争の権利が主権国家のみに認められ，それ以外のいかなる主体——いかなる団体，そしていかなる個人——にも認められてはいない，ということがある。

　この無差別戦争観は，いわゆるウェストファリア体制以降，近代主権国家を主体とする国際秩序の確立に合わせて成立し，キリ

スト教ヨーロッパ世界において伝統的だった差別戦争観，正戦論
——正当な戦争と不当な戦争の区別というものが存在する，とい
う考え方——にとって代わっていったとされる。

　そして第三に，上記の第二の論点の発展ともいえるが，戦争に
際して正当な武力行使の対象となりうるのは原則的には国家の機
関として武力を行使する個人／組織，つまりは軍（軍人と軍事施
設）のみである，という軍民の区別（民間人は非武装で武力行使の
主体ではないから，武力行使の対象とされるべきではない）という考え
方がある。

　それに対して20世紀以降，象徴的に論及されるのはハーグ陸
戦協定であり，また考えようによっては日本国憲法の第9条にも
通底している現代の戦争観，戦争規範はおおざっぱにいえば，戦
争違法化論である。

　これは，原則的に戦争は国際法上の違法行為であり，このよう
な違法な戦争に対する自衛権の行使，そして議論の余地はあるが，
このような自衛権の行使に対する国家間同盟による支援としての
集団安全保障の枠組みによる武力行使が，例外的に正当化される，
という考え方である。

　初期近代における無差別戦争観とはいっけん大いに異なってお
り，ある意味で自衛戦争を正当化するという意味では新たな正戦
論であるという解釈の余地もあるが，これもまた基本的にはリベ
ラルな政治哲学の枠内にあると言いうるのは，やはり先と同様，
諸国家は平等に扱われ，かつ国家のみが正当に暴力を行使しうる
主体であり，かつ文民は武力行使の対象にされてはならない，と
されているからである。

　カント的な世界連邦構想というものは，無差別戦争観が支配す

る世界から出発して，諸国家が合理的な主体であれば，戦争違法化論にたどり着き，それを実効化する枠組みとしての世界連邦の結成にたどり着くはずだ，という考え方に則っているといえる。カントは各国家が共和政，民主主義を採用することによって，国家はこのような合理性に到達する，と考えた。これは単純な性善説ではなく，大局的に見れば戦争は国民に不利益をもたらす現象であり，国家が民意を反映するようになれば，戦争に訴える確率は下がる，という推論に立脚していた。

　このようなカントの考え方の現代的な継承者が，現代国際政治学におけるいわゆるデモクラティック・ピース（民主的平和）論である。そこでは，統計的に民主国家間の戦争の頻度は，それ以外のケース（民主国家対非民主国家，あるいは非民主国家同士の戦争）に比べて有意に低い，と主張される。ただし，民主国家の好戦性が低いわけでは必ずしもない，という批判もあり，より正確にいえば豊かな民主国家同士の「リベラル・デモクラティック・ピース」論である，ともいわれている。

　またこのような展開を促したのは20世紀の，とくに第一次世界大戦以降の戦争の「総力戦」化である。動力革命以前の戦争は季節的な現象であり，「三十年戦争」「百年戦争」といった長期にわたる戦争においても戦闘自体は間歇的で，人や馬匹の糧食が尽きる冬場には自然休戦となるのが普通だったし，陸上での兵員の移動速度は徒歩のそれを超えることもなく，作戦範囲はそれに拘束された。しかし蒸気機関以降の軍艦，兵員を大量輸送する鉄道の出現によって，南北戦争，クリミア戦争あたりから戦争の様相は様変わりしてきた。そして第一次大戦には内燃機関を備えた戦闘車両，なかんずく戦車，そして航空機が出現し，兵員が携行する

小火器にも機関銃という桁外れの殺傷力と引き換えに膨大な弾薬を消費するものが現れる。このような軍備の機械化の進行は，自然休戦をなくし，戦闘自体を長期化させ，さらに燃料・弾薬を大量消費するために戦争の遂行を備蓄のみで行うことを不可能とし，後方の市民社会での文民の生産活動をも，戦争遂行のために統制し，動員する必要が生じた。それゆえに戦闘においても，軍のみならず後方の文民が担う生産拠点を攻撃対象とすることが合理的となり，折からの航空機の実用化とともに「戦略爆撃」というしくみが導入されたのである。

　こうして 20 世紀の総力戦は，先の無差別戦争観の前提の第三点，軍民の区別，戦場と後方の区別を無意味化していく。このような状況もまた，リベラルな政治哲学が戦争違法化論に傾くのを後押ししたといえよう。

　　非対称戦争　　しかしながらこのような現代的な戦争違法化論，それが克服したはずの無差別戦争観をともに根拠づけているリベラルな「国家のみが正当な暴力行使（戦争行為）の主体である」という前提を揺るがす動きが，20 世紀末以降に顕著となってきている。

　第一に，20 世紀末以降，ことに冷戦終焉後の国際社会においては，典型的な戦争，武力紛争の形態は，国家間の戦争——かつての無差別戦争観においては正当，とは言わないまでも合法であったし，戦争違法化論においても，国家による自衛権の行使は合法でありえたし，何より合法か否か，正当か否かは別として「典型」とされていた国家間の武力衝突——ではなく，国家以外の主体による武力行使，非国家組織間の武力衝突，そして非国家組織とその活動地域の主権を主張する国家，さらには諸国家からなる

国際組織との衝突であった。

　古典的な枠組みでいえば，これは主権（無差別戦争観においては
そこに交戦権が含まれ，戦争違法化論の下でも自衛権が含まれる）を備
えた国家以外の主体による暴力，武力行使であるから，国際法よ
りもその地域を管轄する主権国家の国内法レベルの不法行為，犯
罪を構成するものである。

　古典的にはテロリズムと呼ばれるが，それは軍事というよりも
警察，国内治安の問題であるはずだった。しかし現実問題として
冷戦の終焉後，主として国家主権が不安定な途上国地域において，
警察レベルでは対応しきれない武力紛争が多発し，さらにはその
影響は先進諸国にも波及するようになった。象徴的であったのは
2001年9月11日のアメリカ合衆国に対するイスラム武装勢力アル
＝カイーダによる大規模テロ行為である。単純に考えればいか
に大規模ではあれ「犯罪」にすぎなかった事件が，テロ主体を組
織的にバックアップしていると目された国家に対する，アメリカ
を中心とする同盟による戦争を帰結することになってしまった。

　このような，冷戦後に顕著となった，国家間戦争以外の武力紛
争は，しばしば「低強度紛争 low intensity conflict」「非対称戦
争」と呼ばれる。「テロとの戦い」を典型とするこのタイプの
「新しい戦争」の意義は決して小さくない。それは多くの場合，
主権国家がうまく機能せず，管轄地域内での武力を独占できず，
法執行ができない「破綻国家」において，国家と非政府武装勢力，
あるいは武装勢力同士の衝突となって現れる。それは国内レベル
では合法的な戦争と非合法の犯罪，テロリズムとの境界線自体を
揺るがし，さらにしばしば国境を超えて展開することによって，
一国レベルではなく国際秩序そのものへの挑戦ともなっている。

9.11 後のアメリカ主導の「テロとの戦い」はそれへの過剰反応ともいえよう。それだけではない。こうした低強度紛争が，主権が安定した先進諸国や全体としての国際社会にとっての直接の脅威とはならない場合でも，これをたんなる「犯罪」「国内問題」として，伝統的な主権の尊重，内政不干渉の原則に則って，発生地域を管轄する国家にそれへの対処を委ねていてはならない，という発想が強まっている。すなわち「人道的介入」である。

たんに貧困であるのみならず破綻国家のもとにある（そもそも国家破綻が貧困の最大の原因であることが通例である）地域の民衆に対する援助は，武力行使を担保した形でしか行えず，管轄する国家が地域の暴力を制圧できない場合には，外部からの援助主体がその任を代替するべきである，というわけだ。

この発想はリベラルな世界帝国という理念からの自然の帰結であるが，実はこれと「テロとの戦い」との距離は，そう遠くはない。「低強度紛争」「テロとの戦い」「人道的介入」の世界においては，リベラルな政治哲学が前提としていたはずの「戦争主体の国家への限定」「軍民の区別」「戦場と市民社会の区別」が揺るがされていくからだ。これをリベラリズムのもとに抑え込むには，リベラルな世界帝国の樹立によって，あらゆる武力行使を違法行為，犯罪とし，世界政府によるその鎮圧のみ例外と区分する以外にはないように思われる。

ハイブリッド戦争

しかし 21 世紀の現在，戦争をめぐる状況は新たな局面に突入しつつある。すなわち「ハイブリッド戦争 hybrid war」である。上述の低強度紛争を焦点とする議論においては，「戦争主体の国家への限定」「軍民の区別」「戦場と市民社会の区別」を崩していく主体はテロリ

ストと呼ばれる側，非国家的勢力の側であり，主権国家とそれら
が主体の国際社会のほうは，これらの区別，リベラルな前提を保
守する側に回るものとして図式化されていた。

　しかしながら2014年のクリミア危機，ロシアによるクリミア
の併合においては，れっきとした主権国家，国連安全保障理事会
理事国たるロシアによって，この区別が大胆に蹂躙された。主権
国家が，公然たる正規軍のみならず，秘密裏に援助した非正規非
公然の武装勢力をも動員し，サイバー攻撃も併用して目標の軍事
インフラを無力化，地域を孤立させた。そして文民の政治家・官
僚や民間の経済主体にも働きかけ，さらにはマスメディアやイン
ターネットをも駆使した情報操作を内外に展開して，決して破綻
国家ではなかった他国の管轄下の地域を，住民投票を経て「平和
的」「合法的」に自国に併合したのである。

　世界大戦，そして冷戦下においても，各国は情報機関を主体に，
たんなる情報収集にとどまらない，非合法な工作を他国に仕掛け
ていた——そのなかには内戦，クーデター使嗾や要人暗殺など，
「テロリズム」の範疇に入れられるべきものも含まれていた——
が，あくまでもそれらは非公然，非合法の活動であり，少なくと
も水面下で行われていた。しかしながらクリミア危機があからさ
まにしたのは，こうした謀略工作と正規の軍事行動，外交が連続
的にシステマティックに，しかも事実上公然と行われるようにな
った，という新事態である。

　これが20世紀の総力戦とどこが異なるのか？　「総力戦」とい
う概念には後ろめたさや批判性がつきまとう。すなわち総力戦体
制は，近代国家と市民社会の本来のあり方を歪めるものであり，
望ましくはない，と批判されることが多い。そもそも総力戦自体，

核兵器の時代においては起こしてはならないものであり，核兵器をともなう総力戦体制は，戦争の遂行のためにではなく，戦争の抑止のためにこそかろうじて正当化されるのだ，と。

これに対してハイブリッド戦争においては，なんのてらいもなく，情報操作，プロパガンダ，経済的浸透といった間接的な影響力行使からサイバー攻撃，小規模テロリズム，通常戦力による打撃といったより直接的な武力行使までもがシームレスにシステマティックに捉えられ，その担い手も狭義の軍にとどまることなく，官民にわたってあらゆるものが動員される。

このようにてらいのない総力戦の肯定としてのハイブリッド戦争のアイディアの嚆矢は，1999 年の中国人民解放軍の喬 良・王 湘 穂の著書『超限戦』とも，あるいはより具体的にはロシア連邦軍参謀総長ヴァレリー・ゲラシモフの 2013 年の論文とも言われるが，いずれにせよ「法の支配」「主権を拘束する憲法」「国家主権にも犯しえない人権」といったリベラルな原理を重視しない体制のもとでは，このようなハイブリッド戦争を批判する理論が登場することは期待できない。問題はこのようなハイブリッド戦争を躊躇なく仕掛けてくる政治勢力に対して，リベラルな原理を尊重する側はどう対抗しうるのか，である。

読書案内 ●●●

本日の講義の内容については，すでに紹介した稲葉振一郎『政治の理論』，神島裕子『正義とは何か』のほか，瀧川裕英・宇佐美誠・大屋雄裕『法哲学』（有斐閣，2014 年）あたりが参考になるだろう。古典としてはジョン・ロールズ『正義論』，ロバート・ノージック『アナーキー・国家・ユートピア──国家の正当性とその限界』（木鐸社，

1995 年）がある。

原理レベルでの一致が政策レベルでの一致を保証しないこと，逆もまた然り，という問題についてはキャス・サンスティーン『熟議が壊れるとき──民主政と憲法解釈の政治理論』（勁草書房，2012 年）が示唆深い。

カントの世界倫理学構想については，カント『永遠平和のために』『啓蒙とは何か』（岩波文庫ほか）に当たってほしい。

マルクス主義の意義については稲葉振一郎『「新自由主義」の妖怪──資本主義史論の試み』（亜紀書房，2018 年），ローレンス・フリードマン『戦略の世界史』（日本経済新聞出版社，2018 年）を参照。

前回「徳倫理学の再興とポストモダニズムの勃興は同時代現象である」と述べたが，政治思想史研究における 1970 年代から 80 年代ごろにかけての大きな転換，具体的にはクェンティン・スキナーらによる「コンテクスト重視」の研究（『思想史とは何か──意味とコンテクスト』岩波書店，1990 年，『近代政治思想の基礎──ルネッサンス，宗教改革の時代』春風社，2009 年ほか）の主流化と，ジョン・G. A. ポーコック『マキャヴェリアン・モーメント──フィレンツェの政治思想と大西洋圏の共和主義の伝統』（名古屋大学出版会，2008 年）以降の，共和的人文主義 civic humanism への注目もまた，徳倫理学の背景事情として無視しがたい。近代思想の起点をホッブズ，ロックらの社会契約論，その前提たる宗教改革に求め，そこからヒューム〜スミス〜カント〜J. S. ミルと見ていくリベラリズム（さらにはプロテスタント圏）中心の歴史観が従来支配的であったのに対して，彼らの仕事以降は，イタリア・ルネサンスにおけるギリシア・ローマの古典復興による共和主義の勃興が重視され，17〜18 世紀においても，特にアメリカ独立革命の思想的背景を考えるときにそのインパクトは無視しえない，とされるようになった。

マルクス自身の社会主義像については岩田昌征『労働者自主管理』（紀伊國屋書店，1974 年）のまとめが参考になる。1970 年代のこの著作はソ連型社会主義と旧ユーゴスラヴィアの自主管理社会主義を，ともにマルクスの社会主義構想の（それぞれに偏ってはいても）正統な

継承者とはっきり位置づけている。ソ連崩壊後のまとめとしては塩川伸明『現存した社会主義——リヴァイアサンの素顔』(勁草書房，1999年)，『《20世紀史》を考える』(勁草書房，2004年)がある。

　現代的なグローバル倫理については，功利主義の立場からのピーター・シンガー『あなたが救える命——世界の貧困を終わらせるために今すぐできること』(勁草書房，2014年)，戦争・安全保障に絞り込んだ松元雅和『平和とは何か——政治哲学で考える戦争と平和』(中公新書，2013年)などがある。ロールズ自身の見解はジョン・ロールズ『万民の法』(岩波書店，2006年)を，「ロールズ左派」的な議論はトマス・ポッゲ『なぜ遠くの貧しい人への義務があるのか——世界的貧困と人権』(生活書院，2010年)を参照するとよい。

　戦争の倫理学についてスタンダードな教科書として，上記の松元『平和とは何か』のほか眞嶋俊造『正しい戦争はあるのか？——戦争倫理学入門』(大隈書店，2016年)，戦争違法化論にいたる戦争法の歴史については国際法の教科書を参照していただきたいが，初学者向けのものとしては，大沼保昭『国際法』(ちくま新書，2018年)を薦める。

　デモクラティック・ピース論については原典の翻訳，ブルース・ラセット『パクス・デモクラティア』(東京大学出版会，1996年)を，どちらかと言うと「リベラル・デモクラティック・ピース」では，という議論はアザー・ガット『文明と戦争』(中央公論新社，2012年)を，非対称戦争については加藤朗『現代戦争論——ポストモダンの紛争LIC』(中公新書，1993年)，マーチン・ファン・クレフェルト『戦争の変遷』(原書房，2011年)，人道的介入についてはピーター・シンガー『グローバリゼーションの倫理学』(昭和堂，2005年)において功利主義的立場からの正当化論が提示されている。

　ハイブリッド戦争については喬良・王湘穂『超限戦——21世紀の「新しい戦争」』(角川新書，2020年)，渡部悦和・佐々木孝博『現代戦争論——超「超限戦」これが21世紀の戦いだ』(ワニブックスPLUS新書，2020年)を参照。

第 **10** 回　*応用倫理学 I　生命医療倫理学*

生命医療倫理学の問題

　　応用倫理学諸分野のなかで，最も早く脚光を浴び確立したのは生命医療倫理学 bioethics；bio-medical ethics であると思われる。どのような問題群がその焦点となったかといえば，個別的に見れば人工妊娠中絶を発端として生殖医療，あるいは終末期医療・ケアや臓器移植と関連して脳死問題，さらには臨床治験における被験者の権利保護，等々いろいろあるが，もう少し構造的に見れば，大雑把には次に示す 2 つの問題群が重要であったと思われる。

①専門家支配と市民の権利
②生と死，あるいは人間と非・人間の間の区別，線引き問題

1 専門家支配と市民の権利

専門家と市民の
非対称性

医療の現場においてサービス供給者たる
医療者と需要者たる患者・一般市民との
関係は，通常のサービス取引と比べると
対等ではない。サービス内容の高度な専門性のため，患者・一般
市民側はそれについての適切な判断力がなく，取引の際の交渉力
の非対称性が大きい。

つまり——医療の世界は自由で対等な合意を軸としたリベラリ
ズムではなく，医療者優位のパターナリズムによって動いている。
すなわち，医療者が患者の利益のために，患者に代わって意思決
定を下し，患者はそれを全面的に信頼して委ねる，という関係が
基本である。ここでは，次のような対応が考えられるだろう。

●対応1：医療者の側での高度な職業倫理の確立による自己規
律——だけでは足りない。そもそもどのような職業倫理か，が
問題となる。

●対応2：医療者の職業倫理は，たんに患者・一般市民の利
益・福祉をはかるだけではない。その権利・尊厳を保障しなけ
ればならない。一般市民の権利と尊厳が保障されるには，専門
家との対等性が保証されねばならない。しかし問題についての
判断力において，専門家たる医療者と一般市民の間には非対称

性がある。ここをどう埋めるか？

インフォームド・
コンセント

ここで，我々は「インフォームド・コンセント informed consent（情報を十分に与えられたうえでの対等な合意）」というコンセプトに込められた苦渋を理解しなければならない。この語に込められた専門家支配という問題系は，生命医療倫理にかぎらず先端技術全般の倫理・政治問題に共通する。

　もう少し具体的に考えてみよう。一般市民たる患者は，自分の（公的な医療保障による費用負担の問題を除外して考えれば）購入するサービスの内容，その良し悪しなどについて十分な判断力を持たず，専門家たる医療者の判断を信頼してそれに従うしかない。この関係をより対等な，自由人同士の自発的取引に近づけるには，実際の診断・治療以前の情報提供を含めた広義の医療サービスを受けるそれ以前に，医療者を患者が選ぶ際の市場が十分に競争的で，選択の余地がある，という条件がまずは必要である。しかし医療者と一般市民の間にある圧倒的な知識の格差や，時に生命にかかわる傷病の治療に際しての時間的余裕のなさなどによって，どれほど医療サービス市場が競争的であっても，顧客である一般市民側の取引にあたっての交渉力の低さは解消しがたい。

　現代的な生命医療倫理学の興隆以前の伝統的な医療倫理，医療者の職業倫理においては，医療者が患者の後見人のような地位を引き受けて，患者の利益のために患者の代わりに判断する，という域を大きく出ることはなく，医療者に対する監視監督は，通常の取引相手である患者・一般市民側からではなく，医療者集団の自治に委ねる，というものであった。これに対し現代的な生命医

療倫理学は，このあり方を市民社会の基本原則であるリベラリズム，当事者の自己決定の尊重に立ち返る。そこで出てくるのがインフォームド・コンセントの理念であったわけだが，それは具体的にはいったいどのようなものか？

　基本的にはインフォームド・コンセントは文字どおり「十分な情報を与えられたうえでの合意」であるので，よく考えればやはり無理を抱えた仕組みであるといえよう。つまりここで医療者サイドは，全面的に自らの判断で決定し実行する（あたかも親が幼児のためにそうする場合のように）のではなく，可能なかぎり医療行為についての説明を行い，同意を経てはじめて実際の医療行為を行うし，基本的な方針についても，説明と同意にとどまらない，医療者と患者のフランクな情報交換による協議を経て決定していくことを理想とする，というわけである。しかし乱暴にいうならば，「そもそもそれができないからこその専門家ではないか？素人に対する知識上の圧倒的な優位があってこその専門家であり，それがなければ素人はわざわざ専門家を頼りにはしないのではないのか？」という疑問がすぐに思い浮かぶ。

　　　　　　　　　　　　　もちろん個別具体的に見ればこのインフ
　非対称性の構造　　　　　ォームド・コンセントによる事態の改善
の余地は大きいはずだ。誠実な説明によって，より納得のいくサービスを患者が受けられ，それによって医療者側の負担もむしろ減る，という余地が実際に大きかったからこそ，このアイディアは現場に具体的に制度化され，実装されたといえよう。しかしながらもちろん，この非対称性は減りこそすれ，決してなくなることはない。なくなってしまえばそもそも専門家としての医療者の地位自体が無意味化する。しかし医療技術は先端的な科学研究の

成果を前提としており，人体と生命についての研究が進めば進むほど，新たな医療技術が利用可能になっていくので，この非対称構造は幸か不幸か決してなくなることはない——。

　（この構造のなかにある種マッチポンプ的，陰謀論的構図を読み込むことだってできる。すなわち，医療者たちはこうして，普通の人々の自己管理能力を奪い，自分たちに依存させるようにしているのだ，という捉え方である。「医原病」といった語，あるいはそれに触発された「脱病院化」といったアイディアには，まったく根拠が欠けているわけではないところがやっかいである。）

　生命医療科学技術にかぎらず，先端的な科学技術研究開発全般に話を拡大すれば，専門家支配のコントロール問題に対しては，上の構図を逆転させる形で，専門家集団に対する一般市民による監督，市民によるガヴァナンスの枠組みを確立する，という考え方がある。先端的な科学技術の成果は，そのほとんどは即座に実用的な応用の用途を見つけることができず，そこからの収益化ができない。そのため，財源を公共財政に依存するところが大きくなり，納税者の意志による統制を受ける。かくして納税者としての一般市民が，議会政治の経路を通じて，公的予算に依存する科学研究に影響を及ぼす，というチャンネルが成立する。しかしこれは専門家支配を単純に逆転することによって，専門家支配のはらむ問題とちょうど裏返しの問題を引き起こすだけである。すなわち，知識や情報が不足したままで，形式的に一般市民（納税者？）の判断を専門家より優位においてよいのか？　という問題である。

2 生と死の区別

人間と非・人間の線引き問題

> 生と死の境界

いまひとつの生命医療倫理の古典的問題，そしてまさに生命医療倫理固有の問題として知られるのは当然，生と死の境界問題としてわかりやすい，脳死と人工妊娠中絶（「生と死」というより「未生と生」の境界）であり，いずれも時間地平での人間と非・人間の境界の問題である。

古典的には生と死の区別は，たとえば「死の三大徴候（呼吸停止，心臓停止，脳機能停止［より具体的には瞳孔散大と対光反射の消失]）」というふうに，具体的には現場における医療者など専門家の判定が必要だとしても，少なくとも概念的には客観的に自明でわかりやすく，かつ截然と区別可能なもの，とされていたが，生命医療技術の発展とともにその区別はどんどん不明瞭になっていった（あるいはもともとそうだったことがどんどん明らかになっていった）。死という現象が，生きている状態からそうではない状態への不連続的な移行・断絶というよりは，もう少し連続的で曖昧なプロセスとして進行するものと考えられるようになった，というだけではない。つまり，そのように実際は連続的なプロセスに，不連続的な断絶・移行としての死を見出すことは，客観的な事実認識・判断の問題というよりも，人間が主体的にくださねばならない決断・選択の問題となった，というだけではない。そのようなプロセスへの人間の介入の余地も強まり，決断・選択はこうした介入をめぐるものともなったからである。

実際問題として，自発呼吸が停止した患者に対する生命維持装

置の停止や，人工妊娠中絶といった医療行為と，一般的な殺人との相違は，必ずしも明らかではない。かつてのパターナリスティックな専門家支配のもとでは，これを有耶無耶にすることも可能だったかもしれないが，インフォームド・コンセント主導の体制下ではそういうわけにもいかない。犯罪とはされない形で，人の生死の境界を，自らの責任において引くことが，一般市民が引き受けねばならない課題として浮上してこざるをえないのだ。

　古典的な死の観念においては，医療の現場における死とは，究極的には人間の力を超えたところにある運命であり，医療者を含めた人間にできることは，ただそれに抵抗して一時だけでもその到来を遅らせるくらいのこと，といったところであった。このようなイメージに「生きることは基本的によいことである」という前提が加われば，死を前にして人間がなすべきことは，可能なかぎりその到来に抵抗すること，となり，死を選ぶということは善でも合理的でもない。

　しかしながら医療技術の発達により大幅な延命が可能となるなかで，「生活／生命の質 quality of life（QOL）」が必ずしも高くない生，不治の疾病や障害，老化などによる心身の衰えといった苦痛を抱え込んだ生，場合によっては「生きるに値しない生 wrongful life」とでもいうべきものが，本来疾病の治療によって高い QOL を保障するはずだった医療の意図せざる副産物として現実のものとなってきた。

生と死の尊厳

　このような状況においては，医療者の専門家支配，パターナリズムへの抵抗としての，普通の市民としての患者の自己決定権の主張は，「生きるに値しない生」を拒否して自ら死を選ぶ権利，いわゆる「尊厳

死」の権利を肯定する議論へと容易に発展する。しかしながらそのような議論が意味を持つためには「（ほかの条件が一定なら）医療者は何がなんでも患者の延命を目指している」ことが前提となっていなければならない。そのような前提があってはじめて，死の自己決定権の主張がリベラリズムの貫徹となりうる。医療者にかぎらず，それを取り巻く保健福祉サービス，さらには社会全体において「延命は善・正義」という観念が通念として共有され，それが支配的常識として（善意とともに）押しつけられているのであれば，「尊厳死」の権利はそれへの抵抗として，リベラルな社会の基本原則を守る安全弁としてはたらきうる。

　しかしながら現実はそうでもない。医療関係者や，公的行政を含めた社会福祉サービス全般に共有される常識として「延命は善・正義」が支配的だったのかどうかは，本当のところはわからない。価値の多元性，多様な生き方の対等性を尊重して「尊厳ある生」についての具体的理想は掲げず，そのために個人の自由と自律を基本原理としてきたはずのリベラリズムの建前の裏で，実際には近代社会は，特定の生き方を称揚してきた，あるいは称揚せずとも当たり前の常識として人々に押しつけてきたのではないか？　とはフーコー以来ポストモダニストたちが問題としてきたところである。医療社会学者たちの研究は，具体的な歴史的事例のなかに，そうした医療・福祉システムによる「常識」の押しつけによって，優生学的見地からの遺伝病者・障害者への強制的断種処置やさらには強制的「安楽死」が行われてきたことを明らかにしている。このような隠れた常識・通念の洗い直しがなされないままでの「尊厳死」の権利の拙速な導入は，こうした通念・常識への体制順応を強いる言い訳に「自己決定権の尊重」が用いら

れかねないのではないか？　という懸念は否定できない。

3 優生学とヒューマン・エンハンスメント

優生学 ▷ もちろんこれらはさまざまな派生的問題をともなう。たとえば脳死判定には臓器移植，人工妊娠中絶には優生学関連の問題がついて回る。脳死体は，仮にそれを「もはや人ではない」と断じられるのであれば資源，移植用臓器の供給源として有用でありうるし，「より良い子ども」を求めて／「望ましくない子ども」を排除するための選択的中絶は優生学の手段となる。

ところで，臓器移植はともかく，優生学は実は新しい問題ではない。人間は遺伝子工学の出現以前にも，それどころか進化論以前からも，それこそ有史以来家畜・農作物の品種改良を続けてきた。遺伝子工学の出現はそれに対して何か本質的に新しいものを付け加えたのかどうか？

そして優生学とは，人間の品種改良という発想である。もちろんそれは20世紀前半のナチスの経験をもって厳しく批判され，タブー化された。となれば，人間対象の遺伝子工学的介入も，同様の理屈で批判できないものか？　これが普通の考え方だろう。

品種改良をめぐっての一番単純な理屈は，人間以外の動植物は人間の目的のための手段として，道具・資源としての利用価値を基準とした品種改良が正当化されうる，というものだろう。しかし理屈を認めたとしても，いやそのような理屈を前提とするからこそ，尊厳ある存在として道具化されてはならない人間の品種改

良は正当化できないのではないか（いかなる目的のために「改良」するのか？　いかなる基準・理由で人間の優劣を測るのか？　進化的適応と道徳的価値とは異なる。まったく無縁とはいえないかもしれないが同一ではないし，どちらかがどちらかの部分集合というわけでもない）。

　とりあえずは以上の理屈（人間とそれ以外の生物を峻別したうえで，原則的に前者は不可侵としたうえで後者への介入は容認するという二分法）によって，古典的な優生学への批判はまとまっていたといえよう。今日の問題は，この二分法の自明性が，多方向的に揺らぎつつある，ということである。すなわち，一方では，

　●生物への介入は本当に無際限にやってよいのか？

という懐疑が浮上してくる（こうした懐疑の根拠はエコロジカルリスク，動物の福祉，さらには尊厳への配慮からくるものであり，議論は環境倫理学，動物倫理学へとつながっていく）反面，

　●人間への介入，とりわけ改良は本当に禁忌か？

という疑問もまた浮上してくるのである。

出生前後の介入問題

　そもそも人間の子どもたちに対する優生学的な出生前，先天的な介入と，後天的な介入であるところの通常の養育，教育との本質的な違いはどこにあるのか？　という疑問がある。

　出生前の先天的な介入は，親その他先行世代による一方的な干渉であって，介入される新世代・子どもの側からの反撃ができない，という非対称性問題が深刻である，とされるが，同様の非対

称性は実は出生後の養育，教育においても無視できないのではないか？　高等教育であれば教育を受ける本人の自己決定権が十分な意味を持つだろうが，幼少時の養育，さらに初等中等教育レベルにおいては，程度の差はあれやはり非対称性は無視できない，ということになる。つまり，仮に生命工学的手段をもっての新生児への介入それ自体は善でも悪でもなく，ただそこにある非対称性，親世代と子ども世代との間の不平等が問題である，というのであれば，そのような問題は出生後の教育についてもいえてしまう。現状において我々は，少なくとも初等教育レベルまでは子どもの意に反してでも強制的に教育（躾・調教）を行っているのである。それが正当化できているのであれば，同じ理由で出生前の介入も許容されうるのではないだろうか？　逆に関係の非対称性，一方向性を理由として出生前の胚・胎児（あるいは遺伝子）への介入を批判するのであれば，同様の理屈を初等教育批判に延長してはいけない理由はなんなのか？

　もちろん，出生後の介入としての教育の現状に対しては，教育を一種の投資と見なす観点から，学校の内外を含めて教育は経済的格差の再生産装置となっている，という批判がある。となれば出生前の優生学的な介入も，それと同様，おそらくはそれ以上の格差を生み出す仕組みになりかねないだろう。しかしながらこのような批判に対してももちろん，すぐ切り返しが可能である。すなわち，格差を生むものが悪いというのであれば，出生後の介入＝教育において，公共セクターによる義務教育や，とくに高等教育における奨学金のように，再分配を通じて格差の縮小，平等化を目指す仕組みが定着しているのだから，優生学的介入についても同様に，誰でも平等に遺伝子工学技術などを用いて，「より優れ

た子ども」を持つ権利を享受できるようになれば，そして生まれてくる新世代の間の健康や能力的な格差が拡大していかないようにできるのであれば，よいのではないか？　──というふうに。

| 人工妊娠中絶の論点 |

優生学の是非を含めて，現代の生命医療倫理上の解決不能の難問のひとつは，人工妊娠中絶の権利をめぐるものであろう。

　優生学的実践，人間の品種改良の基本は，伝統的には家畜・栽培植物と同様に，望ましい形質を発現させるがゆえに残すべき遺伝子（を有する個体）を選んで生き延びさせ，繁殖させる一方で，望ましくない性質を発現させるがゆえに残したくない遺伝子（を有する個体）を絶やすことであり，具体的にはそうした個体を生み出さないこと，生まれたら，あるいは生まれる前に殺す（生まれる前に殺すのが人工妊娠中絶）こと，殺さないまでも繁殖に参加させないこと（断種）である。つまりは選択（選抜）と，選択されなかったものの排除・殲滅である。

　優生学的介入と，後天的な養育・教育とが，はたしてどこまで異質で断絶しているのかは必ずしも明らかではない，と先に述べたが，本格的な遺伝子工学技術の出現以前は，優生学的介入の基本手段は（家畜・栽培植物の品種改良を含めて）このような選抜と排除に限定されていた。それに対して教育においては，先天的に備わっていた望ましい素質の選抜だけではなく，後天的に新たな知識・技能を与えることも含まれており，かつ（多分にイデオロギーだとしても）教育・養育の本義はむしろ後者のほうにある，とされていた。そのように考えるならば，優生学と教育との間には，はっきりした断絶があるといってもよいし，なおかつ，選抜・排除の要素を取り除いた理想の教育を全面的に肯定しつつ，人間の

品種改良としての優生学を徹底的に拒否することも理論的には不可能ではない。

　現代において，そしてこれからの時代において，出生前の優生学的介入と出生後の養育・教育の間の断絶が不明瞭になっていくとすれば，それは先に示唆したように，格差を生み出さず，むしろその縮小に寄与するような優生学的介入が少なくとも理論的には考えられる，というだけではなく，選抜と排除によらない優生学的介入が可能となり，むしろそちらのほうが中心となる可能性が展望されるからである。

　とはいえそれはあくまでも可能性の話であり，現実問題としては人間相手の優生学は相変わらず選抜と排除を基本とするものであり続けている。もちろんナチス・ドイツの教訓もあり，国家レベルの公共的目標として，次代を担う健康な子どもを作り出すために，個人の結婚・生殖活動にあからさまに介入しようという政策がおおっぴらにとられるということはあまりない。少なくとも目立たない。しかしながら，国家目標としてではなく，あくまでも個人が自分の人生上の目標として，ライフプランとして，自分が望むような子どもを持ちたいと願い，そのために生命医療技術を利用する権利，そしてその反面として，自分の都合で生みたくない子どもを強制的に産ませられない権利は，現代社会では，それこそ「自己決定権」の名目とともに多くの国で容認されている。

女性の自己決定と
障害者の懸念

もちろん，出産をめぐるその担い手——女性の自己決定権の尊重は，19世紀末から20世紀前半までの，保守派のみならず進歩的な社会主義者・改良主義者をも魅了した優生学，労働集約的産業が経済の中核にあり，徴兵制のもとでのマス・アーミ

ーが軍事力の要だった時代の国策としての優生学への抵抗、くわえて伝統的な家制度、家父長制のもとでの「産む性」「産む機械」としての女性への抑圧への抵抗の意味を元来は持っていた（「産む権利／産まない権利」を女性の自己決定権として捉える、という考え方は女性解放運動［フェミニズム］の重要な成果である）といえるし、その意味は、そのような圧力が無視できない社会がまだたくさん存在している以上、今日でも失われてはいない。しかしながらこのような自己決定権は、国家的、あるいは集団的優生学に対しては抵抗の防波堤となりえても、十分にリベラルな社会、誰も意に沿わない相手と結婚させられることもなく、子どもを生み育てることを強制されることもない社会においては、いわば自己決定に基づく「リベラルな優生学」の基盤ともなる。

　このような「リベラルな優生学」に対する今日の最も先鋭な批判者は障害者解放運動である。ことに出生前診断などの医療技術の発達により、重篤な障害を持ち、本人のQOLも低く、当然に親をはじめとする養育する周囲の人々にも多大な負担となるおそれのある子どもを、胎児のうちに早期に発見し、中絶することも可能となっている。フェミニストの多くを含めた、女性の自己決定権を重視する人々は、この選択の権利を原則的には容認する。しかし障害を持った当事者を含めた、障害者解放運動の支持者の多くは、このような傾向に対して強い警戒を示す。

　もちろんそこで容認されるのは、早い段階での中絶であって、出生後の嬰児（えいじ）を殺すことではない。いわんや、すでに出生している障害者を殺すとか、強制的に断種するといったことをフェミニストが肯定するわけではない。しかしながら障害者解放運動は「現に生きている障害者の権利と福祉は尊重し、保障するが、で

きるだけ障害者が生まれないようにする」というスタンスはダブルスタンダードであり，無理がある，とする。いくら現に生きている障害者の権利と福祉が守られようと，このような優生学的介入が許されて一般化されることは，「どちらかといえば，できれば障害者は少ないほうが，いっそいないほうがよい」という社会的な雰囲気，というより緩やかな規範を作ってしまうことになる。そのような規範を背景にした「お前たちは生きていないほうがよい」というメッセージは，言うまでもなく抑圧であり，心理的な暴力であろう。

　仮に「生きるに値しない生」というものがあるのだとしても，ここでの当事者たる胎児には，それを生きることと，それを避けて生まれないこととを比較考量して，自由意志でそのどちらかを選択することはできない。胎児が生まれる／生まれないの選択は，所詮は親をはじめとする，すでに生まれてきて生きている人間たちがするしかなく，基本的にはその都合で決められる。たとえ「胎児に成り代わって」想像上の立場の交換がなされたところで，それは「想像上」のものでしかない。ここでは厳密な意味での「当事者主権」はありえない。そうだとするならば決定権は，胎児に一番近しい存在であるはずの母体の主，妊娠している女性に委ねるべきだ，というロジックもまた「産む権利／産まない権利」（今日ではもう少し広く「リプロダクティブ・ヘルス／ライツ reproductive health and rights」という）の基盤である。

権利保障と
優生学的欲望

我々の考えでは，ここで障害者運動の懸念とフェミニストの主張を調停する，すっきりした理論はない。両者の主張は根本的なところで両立せず，現実世界ではそのときそのときに応じ

て（言い方は悪いが）政治的に妥協していくしかない。具体的にいえば「障害を持った子どもを産んでも保護養育者の負担がそれほどひどくなく，また障害を持った当事者も適切な医療福祉サービスや制度的支援によってよく社会参加し，幸福になれる社会環境を作って，『産む／産まない』の選択に直面した母親や養育者の決断の負担を軽くする」以上のことはできないだろう。「だから安心して産め」という命令は，リベラリズムを認める場合には，誰にも下せない。

　しかしながらやっかいなことには，同様の構造は我々が考える以上に，あちこちに見て取れるようなのだ。従来の常識的な，乱暴な区分では，普通の病気，疾患や傷のダメージといわゆる障害の違いは「治るか治らないか」だったわけだが，厳密にいえば両者の違いは程度問題であり，病気や怪我の後遺症が長期化すればそれは障害である。また障害といわれるものでも，リハビリテーションや補綴術による機能回復によって，健常者と同等の社会生活を送れるようになる可能性がある（眼鏡による視力矯正がなければ，人の大多数は視力障害者である）。さらに乱暴にいえば，誰でも老化すればさまざまな機能が衰え，広い意味での障害者になっていく。誰もが障害者となる可能性，というより蓋然性があるならば，「障害者が生きやすい社会環境を作る」ことに対する広範な合意が成り立つようにも見える。

　しかしながらそれは同時に，誰もが障害者のケアの負担を強いられる社会でもある。その負担を回避しようという志向，これが広い意味での優生学的（しかも選抜と排除志向の）欲望であろうが，先に示唆したとおり，今日の安楽死・尊厳死をめぐる議論においては，女性の「産む権利／産まない権利」の場合以上に，自己決

定権をエクスキューズとした形での優生学的欲望が露出してきているように見える。あからさまにいえば，高齢者／障害者のケアの費用負担の回避を，自己決定権の名のもとに正当化しようという欲望が。

___「人間の定義」へ___ 優生学的介入をそれ自体として否定するのではなく，主としてその副作用，副次的効果に注目して批判しようという論法は，無意味ではないが完全ではない。では，出生前の遺伝子レベル，あるいは胚・胎児への介入それ自体を禁止ないし抑制しなければならない理由は，何かあるだろうか？ もしもそのことが，侵してはならない人間の本性，カント的にいう人間の尊厳を侵してしまうことを必然的にともなう，ないしそれ自体がそうした尊厳の侵犯である（すぐ後で出る言葉でいえば人間を「パーソン」でなくしてしまうような？），と言いうるのであれば，そのような論法も可能だろう。しかしそれはいってみれば「人間の定義」をしてしまうことにほかならない。そうした「定義」のはらむ問題について，節をあらためて考えてみよう。

4 パーソン論をめぐって

___パーソンという考え方___ 先の線引き問題をめぐる議論のなかから浮上してきた「パーソン論」と呼ばれている考え方がある。生物学的なヒトとは別に，なんらかの基準でもって道徳的に通常の人間と同等の扱いを受けるべき存在を定義し，それを「パーソン person（人格）」と呼ぶ。人格と判定され

た存在の権利と福祉は尊重されるが，そうではないものについては必ずしもそうではない。生物学的ヒトでもパーソンの要件を満たさないものもあれば，ヒトではなくともパーソンの要件を満たすものも理論的にはありうる。

　前者は標準的で一定の健康状態にある人間が，部分的にこの要件を満たさなくなる場合，それこそ極端な場合には脳死，あるいは重篤な認知症や精神障害にある人，あるいは嬰児や胎児などがこうしたパーソンの境界近くにあるヒト，自然人ということになるが，後者は高い認知能力を持つ動物，具体的には大型類人猿や，技術的可能性としては自律性の高い汎用人工知能機械なども，ヒト以外のパーソン候補ということになる。これらは動物倫理学，AI 倫理学の主題として議論されている。

　このパーソンをめぐっては，主として以下の 2 通りの考え方がありうる。先にも示唆したが，大まかにいえば道徳的実在論寄りの考え方，パーソンという種が実在する，パーソンとパーソンではないものとの区別は客観的な根拠を持つ，という考え方が成り立つ一方で，反実在論的考え方，何がパーソンで何がパーソンではないかの区別は，すでにパーソンとしての既得権を持つ我々（とその継承者）が主体的に作る規約以上のものではないのだ，という考え方も成り立つ，ということだ。すなわち，

● a. 客観的な基準によって何がパーソンかパーソンではないかの判定をつけることが可能で，パーソンの権利と福祉だけを考えればよい，という考え方——規範倫理学的には功利主義に近く，かつメタ倫理学的には（何が道徳的に尊重すべき「人」かを客観的に判定できると考える点で）実在論寄り。

●b. たしかに社会はパーソンたちのネットワークであり，何がパーソンで何がパーソンではないかの判断は重要だが，それは客観的に事実として決められるものではなく，とりあえず現にパーソン性を認められている人々（今のところ生物学的ヒトの一部）の間での討論，合意を通じて決めていくしかないし，その合意の内容は歴史的に変わりうる，という考え方——後期ロールズ，ハーバーマス的？

aの実在論的発想に対してまず浮かぶであろう疑問は，次のようなものだろう。すなわち，仮にパーソンの客観的に普遍妥当な定義があるとしても，それに完全に到達することは人間には困難である。そうである以上，aの立場から道徳的に配慮に値するものとそうでないものを弁別しようとすることは，誤りやすい存在である人間にとって危険ではないのか？　もちろん，あくまでもそのような探究は純粋に省察的なもので，実践的，政策的応用を見越したものではない，というなら実害はないが……。

かといって，これまたとくにその実践的な含意を重視するときには，bの反実在論的な立場に居直ることで本当によいのか？という疑問もまたある。現に生きている人間たちの間で合意が取れれば「なんでもあり」というのは，（生物工学的介入の累積を通じてであろうが，まったく非人為的で自然な進化の結果としてであろうが）未来に現れるかもしれない他者の可能性を抑圧することにはならないだろうか？

当然ながらここで穏健路線cを考えてみることもできる。すなわち，仮に客観的で普遍妥当的な「パーソン」概念というものがあるとしても，実際に人間にできることは，それに対して共同の

探究を通じて漸進的に接近していくことだけである——と。これはメタ倫理学的には穏健な実在論である。あるいは徳倫理学に近づくかもしれない。しかしながらこれも実践レベルにおいては，bと実質的に変わりないものにしかなるまい。

パーソン論の
実践的な道筋

いずれにせよ実践的には，aは「ある一線さえ踏み越えないならば，積極的な人間改造であれ，動物の知性化＝擬似人間化であれ，自律型人工知能の開発であれ，いくらでもやってかまわない」——という考え方に導きやすいだろう。ただそうした積極主義にもまた，大雑把にいえば2通りのパターンが考えられる。ひとつの方向は「何をすれば『パーソン』の境界を侵犯するのかは明瞭に判別可能なのだから，そのギリギリの線までは何をやってもかまわない」，というものであろう。それに対して逆に「『パーソン』の何たるかは客観的に明らかなので，その知識をふまえていくらでも人工的な『パーソン』を——機械であろうと改良生物であろうと——作ってもかまわないし，その『パーソン』性を否定しないかぎりにおいて，どれほど人間に手を加えてもかまわない」というロジックもありうる。

　これに対してb，cのような考え方は，どちらかというと慎重論に導くだろう。すなわち，「パーソン」の境界を揺るがしかねないような研究も，それ自体としては抑圧されるべきではないが，ラディカルな技術であればあるほど，その実装は広範な合意を経てはじめて導入されるべきであり，かつ究極的には，いかなる合意があっても踏み越えてはいけない限界もまたあるだろう，と。これはいかにももっともらしく聞こえる。とはいえそのような「限界」について「今はわからないけれど，きっとあるはずだ」

という程度のぬるい認識には「それはたんなる信仰，願望思考でしかないのでは？」という反問もまたありうるだろう。

　我々としてはどちらかというと（虚構主義に肩入れすることで反実在論の問題意識を取り込む形で）道徳的実在論にコミットして論じてきたので，パーソン論に対しても，（やはり虚構主義的に，「理論的対象」としての）「パーソン」とそうではないものとの区別はたんなる規約に還元できるものではなく，客観性を持つ，と考えたいわけである。すなわち我々の日常的な「これは自分と同じ仲間の人間である」という直観それ自体は無根拠で，その積み重ねが規約としての「パーソン」の枠を作り出す，と考えるのではなく，その直観は客観的事実としての「パーソン」を不正確にかもしれないが認識しており，その積み重ねがこの認識をよりいっそう正確にしていくのだ，という無難な考え方をとりたい。

パーソン論の難しさ　　　ただやっかいなことに，抽象概念としての「パーソン」だけではなく，それが当てはまる物理的実体としてのパーソン（そして現状 21 世紀初頭においてはそのほぼすべてが生物学的意味でのヒト個体）のほうも，長期的に見れば歴史のなかで変容していく。何がやっかいなのかといえば，生物学的進化のスピードはきわめてゆっくりで，「パーソン」概念の洗練，変容のスピードは容易にそれに追いつけるはずであったのに，生命科学技術の発展によって物理的な実体としてのヒト個体のほうが変容し多様化していく可能性があることである。さらには後にも見るように，動物に対する我々の態度の変化，あるいはさらなる品種改良によって，ヒトとは系統学的に相当異質な動物が「パーソン」の枠のなかにくりこまれるかもしれない。あるいはより強い意味での人工物，人工知能機械の「パーソン」

の開発の可能性さえ無視することはできない。

　以上をまとめるなら、「パーソン」が人工物、人工種であるならば、それは自然種とは異なり、現実が概念の影響を受けて変容し、またそうした変化が概念のほうにフィードバックし……という循環が起こってしまう、ということである。自然種ならば現実のほうは不変であるだろうし、逆にそれが反実在論が考えるように、客観的な根拠を持たないたんなる規約なら、現実からのズレを苦にして概念のほうを修正する必要はない。しかしこうしたフィードバック、循環が起こる可能性があるゆえに、我々は道徳について「虚構主義的・人工物的実在論」を推しているわけである。

パーソン論の基底

　パーソン論者の多くは、パーソンの存在を、道徳が意味を持つための大前提とする。すなわち、パーソンの存在が、善悪や正邪を論じるための大前提であって、パーソンが存在するということそれ自体の道徳的意義は通常問わない。現実にある人が存在していてはじめて、その人の身に起こったことが良いことだとか悪いことだとかいった評価をすることが可能となるのであって、人がいるということそれ自体は道徳的には意味を持たない、と。もちろん人の存在を侵害し抹消すること、具体的にいえば殺すことは悪いことであると考えられるが、それは現に存在している人に損害、害悪を与える（多くの場合殺すことは苦痛をともなうし、苦痛をともなわなくとも、死の予感はおそらくはそれ自体が苦痛であるし、気づかない間に苦痛なく殺されたとしても、本人以外の関係者に損害や苦痛を与えるだろう）からである。逆に存在しなかった人が新たに存在するようになること、具体的には新たな子どもが生まれることは、関連するさまざまな副次的な善の可能性を全部括弧に入れてそれ自体について考

えるなら，よくも悪くもない。

　しかしながら議論を深めていくと，それでは済まないのではないか？　という問いが今や真剣に問われるようになっている。すなわち，

　●パーソンが存在することそれ自体（あるいは，一人もいない状態から，少なくとも一人はいるようになること）は，よいことか悪いことか？

と。これに対しては今のところ，いくつかの答えのパターンが考えられている。

　●答え１：パーソンの存在それ自体はよくも悪くもない（先の繰り返しだが，パーソンの存在は善悪が意味を持つための前提であり，それ自体は善でも悪でもない）。
　●答え２：ほかの条件が一定であれば（たとえばある貧困家庭で，もう一人子どもが生まれると生計が破綻する，とかいった場合ではないかぎりは）パーソンが存在することそれ自体（あるいは，一人もいない状態から，少なくとも一人はいるようになること）はよいことである。
　●答え３：パーソンが存在することそれ自体（あるいは，一人もいない状態から，少なくとも一人はいるようになること）は悪いことである（よって，人類はできるだけ早く滅びたほうがよい，となる）。

　答え１も答え２も，それなりにもっともらしく，より深い根底

的なレベルからこれらを比較検討し，どちらがより合理的か，を検討する作業は難しい。

　大雑把にいえば答え１はカント主義寄り，答え２は功利主義寄りの発想といえそうだが，カント主義それ自体が個人の誕生，あるいは存在それ自体をよいとも悪いともしない，といってよいかどうかは，実は不分明である。人格の存在は善悪が意味を成すための前提であるわけだが，前提自体は善も悪もない中立的な何か，と考えるか，より高次の，比較を絶した善と考えるか，広い意味でのカント主義，あるいはロールズ主義の枠組みをとったとしても，いろいろな立場がありうる。

　<u>反出生主義の考え方</u>　　さらに一見したところ奇矯（きぎょう）な答え３は，デイヴィッド・ベネターの論陣によって近年話題の「反出生主義 antinatalism」の立場であるが，意外に理にかなっている。

　功利主義との比較でその立場をまとめるならばこうなるだろう。──功利主義者の多くは快楽と苦痛を同じ次元で比較し集計することができる，と考える。つまり一定量の苦痛は一定量の快楽で相殺可能だ，と考えるのだ。この考え方はごくごく平凡な当たり前のものである──つまり，苦痛というコストを支払って快楽というベネフィットを得る，あるいは苦痛とは単純にマイナスの快楽で，差し引きプラスであるほうに持っていく，と考える。これが「合理的」ということだ。ただ，いかなる苦痛でも快楽によって相殺されうるかどうかはわからない。論者によっては，決して相殺されえない絶対的な苦痛の存在可能性も認める。

　またさらに，生きているということ自体の基準線をどこに求めるのか，という問題がある。穏健な見方としては，生き続けてい

るのであれば実はそこでの絶対的な水準はプラスの快楽であり，絶対的なマイナスはありえない（その場合は死んでいるはず），というものだろうが，論者によってはいわば「死んだほうがマシ」な絶対的マイナス状態がありうると考える。

このような，快楽によっては相殺されえない苦痛というものの可能性を認めると，比較的容易に「死んだほうがマシ」な状態，「生きるに値しない生 wrongful life」というものがありうることがわかる。仮にこのような状態が現実にありうるのだとすれば，さらにいくつかの前提を重ねることで「生きることはそれ自体では通常は悪いことである」という可能性も導き出せる。

とはいえ，この議論は大半の人の直観には反しているのみならず，多くの自明ではない前提に基づいてもいる。さて，どう評価するか？

さらにこうした議論はマクロ的に見れば人口論，人口倫理学につながる。人口が多いこと少ないこと，あるいは増えること減ること自体のなかに，道徳的意味はあるのかどうか？　とか，人口と環境のバランスは？　といった議論につながっていくことは言うまでもない。この問題，すなわち種としての人類の存続と繁栄の問題については，次回，環境倫理学を講じる際に見ていこう。

📖 読書案内 ● ● ●

今回の内容については奥田太郎『倫理学という構え──応用倫理学原論』（ナカニシヤ出版，2012年），マッティ・ハユリュ『人間〈改良〉の倫理学──合理性と遺伝的難問』（ナカニシヤ出版，2020年），デイヴィッド・ベネター『生まれてこないほうが良かった──存在してしまうことの害悪』（すずさわ書店，2017年），松元雅和・井上彰

編『人口問題の正義論』（世界思想社，2019年）を参考とした。奥田の本は，応用倫理学全般についてメタ倫理学との関係にも目配りしつつ論じ，生命倫理学の歴史的コンテクストについて紹介してくれている。ハユリュの本では，遺伝子改良やサイボーグを含めたヒューマン・エンハンスメントに焦点を絞って，多様な理論的立場を比較している。ベネターの本は「反出生主義」の原典である。哲学的思考実験としては有意義だが，真に受けると反社会的な扇動文書ともなる。とはいえ，それはマルクス主義やリバタリアニズムの古典についても当てはまることではある。

「死の自己決定権」についての懐疑論としては立岩真也『ALS——不動の身体と息する機械』（医学書院，2004年），立岩真也『私的所有論〔第2版〕』（生活書院，2013年）が示唆的である。

「公平な優生学」の全面肯定論としては，小泉義之『生殖の哲学』（河出書房新社，2003年）がある。また「生きるに値しない生」については『〈個〉からはじめる生命論』（NHKブックス，2007年）以来，加藤秀一が熱心に追いかけている。

生命医療倫理学全般についての教科書は，初歩的なものから本格的なものまで汗牛充棟である。哲学科のみならず今日では医学看護学でも必須教養であり，さまざまな目的に合わせて多様な選択肢が選べるが，素人向けの簡単な入門書としては，小林亜津子『はじめて学ぶ生命倫理——「いのち」は誰が決めるのか』（ちくまプリマー新書，2011年）を薦める。もう少し本格的な教科書としては赤林朗らによる『入門・医療倫理』I〜III（勁草書房，2005〜2015年。Iは2017年に改訂）がある。なお本書の校正中に，反出生主義を包括的に検討した森岡正博『生まれてこないほうが良かったのか？』（筑摩選書，2020年）も刊行されている。

第**11**回 応用倫理学Ⅱ　環境倫理学

環境倫理学の問題

応用倫理学のなかで生命医療倫理学と並んで，比較的早期に脚光を浴びて確立したのは環境倫理学 environmental ethics である。

　環境倫理学の問題関心の中心には生態系，つまり人間以外の生物，あるいは人間を含めたあらゆる生物とそのネットワークの道徳的意義があるので，当然に生命医療倫理学とも関係が深くなる。生命医療倫理学の関心の焦点は人間の生命ではあるが，当然そこでは家畜・ペット・実験動物・農作物・病害虫・有用微生物・病原体といったほかの生命との関係も問題となるからだ。

それでも，環境倫理学と生命医療倫理学のズレも，また当然ながら大きい。環境倫理学が学問としてできあがる前の思想的源流として重要なのは，自然保護運動や，公害反対運動である。さらにまたそれが学問として確立する際に並行して成長してきた隣接分野として，環境経済学が重要である。

なぜ環境経済学に注目しておく必要があるのか？　——環境問題は「市場の失敗」として理解するとわかりやすいからである。

前回は，生命医療倫理学の確立に際して重要だった問題意識として，①専門家支配と②生と死，あるいは人間と非・人間の境界問題を挙げたが，それに対して，環境倫理学の確立に際して重要な役割を果たしたのは，

①私有財産制度・市場経済システムの限界（市場の失敗）
②人間の経済活動の持続可能性（地球環境によるその許容可能性）
　と世代間正義

といった問題設定だったといえよう。

1 「市場の失敗」としての環境問題

私有財産制度と
市場経済

生命医療倫理学において，既存のリベラリズムの限界が厳しく問われたのが医療における専門家支配であり，リベラリズムの枠内でその論理の徹底によってこの問題に対抗しようとした結果「インフォームド・コンセント」の概念が生まれた。

これと同様に，リベラリズム，リベラルな社会秩序の限界とそれへの対応という観点から環境倫理学を見ていくとどうなるか？環境問題は自然破壊，さらに公害として意識されたが，それらはとりあえず私有財産制度と市場経済の限界，失敗として理解できる。

誰も所有・管理していない自然環境の資源（生物であれ無生物であれ，野生動物であれ美しい風景であれきれいな水の流れる河川であれ）は，誰でも利用できてしまい，その結果荒らされて枯渇してしまう危険がある。だからといってあらゆる有用な資源を，誰か特定の人や企業や国家がもっぱら独占して排他的に利用できる財産にしてしまえば，それで片づくかといえば，そうはいかない。

容器に詰めた水や，水道システムで供給される水をそのような財産とし，値段をつけて商品として売ることはできるかもしれない。しかしながらその水源である河川，湖などの水系全体はどうか？　空気はさらに無理だ。きれいな空気の供給を独占的にコントロールして，値段をつけて売ることはできない。生きるために空気を必要とする生身の人間相手であれ，汚れた排気を周囲に垂れ流す工場相手であれ，同じことだ。

市場中心の資本主義経済を批判するマルクス主義も，この問題に対してはリベラリズムと同程度には無能だった。マルクス主義はリベラリズム以上の人間中心主義で生産力至上主義だったからである。

_____

資源の有限性

とはいえ，私有財産制度と市場経済だけでは，環境問題には対処できず，大胆な政策的介入が必要であることは否定できない。ではどうすればよいのだろうか？

もうひとつ，重要な環境問題として意識されたのは，きれいな水や空気などの独占的に所有できない資源の問題だけではなく，容易に独占的に所有できたとしても，それで問題が解決しない——それどころかそれを独占できてしまうこと自体が，もっとやっかいな問題を引き起こすような資源の問題である。つまりは枯渇性資源，その絶対量が有限で，いつかなくなってしまう資源の問題だ。実は私有財産と市場経済というメカニズムは，有限な枯渇性資源の配分をうまく処理できないのである。

　（人口が希薄で経済活動が低調な地域での）きれいな空気のように，手間暇なしにいくらでも供給される資源には財産権を設定する必要はない（しかし人口と生産活動のレベルが上がりすぎると，先ほどのような問題が生じる）。費用と労力を投入しなければ供給されない，しかし適切にその負担をすれば，たえず新しく生産できるような資源の配分においてこそ，財産権と市場メカニズムはうまくはたらく。

　ところが，絶対量が限られていて，新しく生産したりすることができないような資源——典型的には地下に埋蔵されている鉱物資源，化石燃料——の配分は，自由な市場での取引に任せていてもうまくいかない。理論的にいえば，いったんそのすべてを合法的にか非合法的にか独占してしまう者が現れたら，以後はその独占者は問題の資源の価格を，いくらでも吊り上げることができてしまう。

　実際にものごとがそこまでひどくならないのは，たいがいの資源には（たとえば石炭から石油への転換のように）ある程度代替物を見つけることができること，代替物が見つからなくとも，技術革新によってその利用効率を上げて，節約ができるようになること，

さらに完全な独占は実際には難しく，供給者間の競争で価格が下がる可能性が消えないこと，等々の理由からである。しかし長期的に見れば，地球上の鉱物資源が有限であるという事実に変わりはない。

人類社会がどれくらいの長い間生存できるかはわからないとしても，個人の寿命には限界があり，その結果，何世代もまたぐような事業を継続することも，我々には難しい（これは私有財産制度と市場の限界というよりは，人間の限界かもしれないが）。それゆえに，とくにこのような，有限な資源の利用可能性を将来世代にできるだけ残すにはどうしたらよいか，という形で，世代間正義という問題意識が浮上してくる。

今日では，たとえば埋蔵されている化石燃料をすべて燃やすと，地球上に人類は住めなくなることはわかっているので，地下資源の枯渇への危機感それ自体は薄らいでいるが，大気汚染などによる生態系の破壊・気候変動も超長期的な課題であるため，世代間正義の問題の意義は薄れてはいない。

リベラリズムの修正へ　このように，環境問題をリベラリズムにとっての挑戦として理解すると，それは，私有財産制度と市場経済という枠組みにはなじまない（財産権の設定が難しい）資源の配分，さらに超長期にわたる資源配分，という具合に理解できる。

資本主義における不平等の問題に対してと同様，マルクス主義的な解決が展望できない以上，環境問題においてもまずはリベラリズムの否定によってではなく，その修正により，なんとかリベラルな社会の基本枠組みのなかに環境問題への対処を取り込めないか，という発想が出てくる。その最たるものが「排出権取引」

である。すなわち「きれいな空気を使って汚れた空気を排出する権利」に財産権を設定しようという仕組みだ。財産権・市場の外にあった自然を内部化する試みである。

現代の技術をもってすれば，一人ひとりの呼吸はともかく，大規模な工場・事業所レベルでなら，酸素消費量，二酸化炭素など有害ガスの排出量は安価に計測できる。それをもとに環境税を課すとかいった仕方で，それら排出物によって環境に与えられた負荷をカバーする（汚れた空気をきれいにする等）ためのコストを支払わせて，二酸化炭素など有害ガスの排出権を商品として買ったことにする，というのが排出権取引の発想だ。有害物質の排出権を，その損害をカバーするためのコストを対価として購入するという仕組みだ。こうすれば政府の環境維持事業の財源になる，あるいは廃棄物処理がそれ自体儲かるビジネスとして発展できる，さらには排出側の企業にも，自社の廃棄物を減らすような技術革新への動機ができる。

2 「環境問題」の変容

環境倫理学の問題提起

このように現代では，経済学を理論的な基盤として，市場メカニズムを生かす形で環境問題に対処する具体的な制度設計・政策形成が進められている。そうやって環境保護研究が政策科学として確立した以上，初期の問題提起のレベルにおいてならともかく，環境問題にはもはや倫理学者の出番はないのか？ ——実は問題はあまりに複雑であるから，必ずしもそうはならない。

環境問題はその初期局面においては，主としてローカルな自然保護や環境破壊の問題としてクローズアップされた。高度成長期の「公害」という言葉にはそのようなニュアンスがあった。そうした公害の被害者は主としてローカルな少数者であり，経済成長の恩恵に浴する多数派の一般市民と，不運にも環境破壊の被害（典型的には特定の工場の排気・排水などによる汚染）にあった少数派との対立，という構図でしばしば切り取られた（日本の「四大公害病」はいずれも地域問題でもある）。

　しかし1970年代の石油ショック以降，ローマクラブの有名な報告書『成長の限界』などもあって資源・エネルギー問題が世界スケールの問題として意識されるようになる。さらに80年代になると，フロンガスによるオゾン層破壊，そして二酸化炭素を主因とする温室効果，「地球温暖化」リスクが，環境問題の中心に躍り出る。かくして環境問題の重心はローカルからグローバルへと移行し，ことに90年代以降は，冷戦終結後の国際政治の主要マターとなった。

　環境倫理学の分野としての確立と隆盛の基盤は，このような地球環境問題の浮上によるところが大きいが，いやしくも環境倫理学が倫理学の一環，つまりは哲学の端くれたらんとするならば，このような環境問題の概念としての歴史と，その構造分析を，政策科学としての環境経済学をふまえるのはもちろんとして，歴史学や社会学をも意識しつつ行わねばならない。いやもっとストレートに「『環境』『生態系』『エコロジー』『環境問題』といった言葉で我々は何を考え，論じてきたのか」を振り返っておかねばならない。

　　　さらに環境問題は実はなお現代倫理学に
とって重要なパズルを提起してくれても
いる。つまり世代間正義・公正の問題である。これは環境問題に
とどまらない，広い射程——たとえば福祉国家における少子高齢
化問題など——を持つ。

　枯渇性資源の配分にせよ，生態系の維持にせよ，環境問題は複
数の世代にわたる超長期的な問題であり，それへの取り組みは世
代を超えたプロジェクトとなる。けれども，有限な寿命しか持た
ない人間に，どうやってそんなプロジェクトができるのか？

　たとえできたとしても，その場合，世代間の公平をどうやって
実現するのか？　プロジェクトの費用負担と，その便益の享受の，
世代間でのバランスをどのようにとれば，公平といえるのか？

　一世代で完結するプロジェクトなら，初期に投入した費用をあ
とで回収すればよいが，複数世代にわたるプロジェクトで，初期
世代は費用だけ出して何ら便益にあずかれず，最終世代は何も負
担せず便益だけを享受する，というのはどう見ても公平ではない。
とすれば，そのようなプロジェクトを引き受けようという動機は
どこから調達できる？

　単純にカント的な発想からは，どの世代にも一方的な負担を強
いることはできず，できるだけ各世代に平等な負担を，という指
針が出てくるだろうが，そうなると実際には，このようなプロジ
ェクトの実現可能性自体が低くなるだろうし，それで仕方がない，
という結論が導かれるだろう（ちなみにカント自身は「道徳的たらん
とするならば，『個人は死ぬけれども人類自体は不滅である』『肉体は死
んでも魂は不滅である』『神は存在する』と信じなければならない」とい
っている。「（実際に）魂は不滅だ」とか「（実際に）神は存在する」とか

いっているわけではないことに注意)。

　ある種の功利主義の観点からは，世代を超えた人類全体のレベルでの幸福の総量が増えることがよいことなので，このような超長期プロジェクトの望ましさは自明であるし，ある種の徳倫理学の立場からも，人類それ自体の繁栄という目的の望ましさは自明であるが，やはり具体的な各世代レベルでのこのプロジェクトの実行可能性，それに従うことへの動機づけが難問として残る。

3 世代間正義の形而上学

カント主義の困難

　さらに存在論，形而上学的な観点から，世代間正義，公正という目標それ自体，さらにいえばリベラリズムそのものの合理性を疑う議論も存在する。

　排出権取引というアイディアに見られるような，メインストリームの環境経済学の背後には，リベラルな環境倫理学とでもいうべきものが潜在している。それは私有財産制度と市場経済，そのもとでの自由人の私的自治というやり方では適切に管理できない自然環境という経済財の適切な管理の仕方を問うものであり，そこでの自然環境はあくまでも人間にとっての道具的・手段的価値の担い手として捉えられていた。

　ただそのような「道具・資源としての自然」という枠組みにとどまっていたとしても，枯渇性資源の世代間配分や，生態系の持続可能性の維持といった課題は，人間中心主義，ヒューマニズム自体はともかく，リベラリズムの限界を見せつけてくる。世代間

倫理を真剣に考えるならば，自由主義的な「自己決定の主体たち
の私的自治と集団的自治」という枠組みを超えざるをえない。と
いうのも，将来世代は現在世代に対して一方的に受動的な存在で
あり，そのあり方どころかそもそもそれが存在するかしないかさ
えをも現在世代の行動によって左右されてしまう。よって現在世
代と将来世代の間に対等な合意，相互拘束による正義の樹立はあ
りえない。このことによってカント＝ロールズ的な枠組みの世代
間倫理における有効性は大いに疑わしくなる。

　端的にいって，将来世代というものは通常の意味では存在して
いない。むしろ虚構的，といって悪ければ理論的対象である。そ
れらは少なくとも今は存在しておらず，未来において存在する可
能性があるというだけのことである。またそのありようは，現在
における選択の結果を受けて変わらざるをえない。ある政策の結
果であれば生まれたであろう個人Ａは，その政策が行われなか
ったらまったく生まれてこないかもしれない。そのような将来世
代と現在世代との間で「公平」などそもそも考える必要が，ある
いはそもそも意味があるのだろうか？

　　　　　　　　　　　　　カント＝ロールズ的枠組みを世代間倫理
　　将来世代の権利への　　に援用する立場からすれば，現在世代の，
　　疑問　　　　　　　　　将来世代に対する配慮の義務は，将来世
代の生存権が根拠となる。将来世代が幸福に生存する権利の実現
を助ける義務，あるいはそこまでいかなくとも，それを侵害しな
い義務，という形で将来世代に対する現在世代の義務が位置づけ
られる。これに対して提起される疑問としては以下のようなもの
が考えられる。

　第一に，そのような将来世代の権利という概念が仮に意味を持

つとしても，実際にそれを制度化するためには，現在世代にその義務を守らせる動機づけの仕組みが必要となるが，現在はそもそも存在していない，それどころかその存在の可能性自体を現在世代に左右される将来世代には，現在世代の行動を制約することができない以上，そのような仕組みの構築は実際には難しい。社会契約論が想定しているような相互拘束の仕組みは，世代間では不可能だろう。

　第二に，そもそも特定の個人には「生まれてくる権利」などというものがあるといえるのかどうかが，きわめて疑わしい。仮に現在は存在していない，将来世代に属する特定の個人に対して，そのような権利を認めるとすれば，デレク・パーフィットが『理由と人格』で提示した「非同一性問題」という困難が生じる。すなわち，現在におけるある選択Ａの結果生まれてくるが，Ａなしには生まれえない個人ａと，Ａが行われれば生まれえず，Ａが行われなければ生まれてくる個人ｂを考えたとき，両者の「生まれてくる権利」は決して両立しえない。そのような「生まれてくる権利」を個人の具体的な権利として認めることはほとんどの長期的社会経済政策はおろか，私的な個人の行動の自由をも大幅に制約するものにならざるをえない。

功利主義への帰着　以上のような事情から，世代間正義を考えるときの有力なアプローチとしては，当事者の合意としてではなく，外側から最適な政策を与えるという形での議論を展開できる功利主義のほうが影響力を持っている。上述のパーフィットのアプローチはその一例である。将来世代は現在世代にとって，一方的にケアされる対象でしかありえず，権利主体ではありえない――という前提に立ったうえで，リベラル

な，つまりはたとえば「人類という種」を実体化してその存続とか利益を第一義的な目標に置くような発想を避けて，具体的に存在する，あるいは将来存在するであろう個人を尊重する発想をとり続けようとするならば，功利主義的な発想に行き着くのにも無理はない。

しかしながらそのパーフィットにとっても，世代間正義とは，「非同一性問題」をはじめとして多くのパズルが出現してくるやっかいな問題領域である。とりわけ前回に紹介した「人の存在自体は善か悪か，それとも道徳的に中立か？」という問題と「非同一性問題」を組み合わせると，容易に解きがたい無数の難問が，世代間正義において浮上してくる。残念ながら，ここではそれに詳しく論及している余裕はない。

ヨナスによる
将来世代への義務

しかし一方では「人類という種」それ自体へのコミットメントを，あえて臆面もなく打ち出す論者もいる。そのなかでも今日の環境倫理学，科学技術の倫理学に大きな影響を与えているのがハンス・ヨナスの『責任という原理』である。

ヨナスもまた，将来世代に属する個々人というもの，あるいは集団としての将来世代なるものが存在しないということをきわめて重く見る。存在しないものは権利の主体とはなりえないし，そのような主体として，その道徳的地位を——権利のみならず福祉なども含めて——配慮されるものでもない，と彼は考える。そしてその代わりにヨナスは，将来世代への義務を具体的な個人に対しての義務としてではなく，種としての人類に対する義務とし，かつ種としての人類それ自体は権利の主体などではない（ヨナスの言葉でいえば「理念」である），とする。つまりヨナスによれば将

来世代への義務は，それに対応する権利というものが存在しない，一方的な義務である。

　ただヨナスの考えではこのような義務のあり方はまったく異例でも異常でもない。ヨナスによれば親の子に対する養育監護義務はこのような一方的な義務であって，子どもの側に養育監護される権利というものがあってそれに対応している，というわけではない。だからヨナスにおける，個々人が個々人ではなく全体としての将来世代に対して，種としての人類の存続に対して負う一方的な義務の一方向性とは，必ずしもその対象が個体ではなく種であるから，あるいは具体的な存在者ではなく抽象的対象だから，というわけではない。ゆえにその一方的・片務的義務論の根拠，理由づけは，コミットする対象である将来の人類の抽象性と，将来世代の受動性との合わせ技と考えるべきだろう。

　「この義務は本当に一方的・片務的か？」という疑問はもちろん残る。現在世代は現に先行世代の営みの結果として存在しているからである。先行世代が現在世代に対して果たした義務への返報を，存在しない先行世代に対して果たすことはできないので，代わりに将来世代に果たすのだ，という考え方だ。ただこの考え方でも，一方向性・片務性が双方向性・双務性に転換するわけではなく，一方向性が順送りに連鎖していく，という構図になる。

種としての人類観と
全体主義への危機感

ヨナスにおけるこの構図は，主としてカント主義的なリベラリズムの限界を意識して，種としての人類全体をコミットメントの対象として召喚しつつ，それを権利主体とはしないことによって，全体主義的な抑圧の危険を避けようとしたもの，と考えることができる。

この一方向的義務論を提示した主著『責任という原理』におい
てヨナスは，長期にわたる人類社会全体にコミットする世代間倫
理の先行者としてマルクス主義を強く意識し，それと同じ地平で
勝負することを意図している。そしてヨナスはマルクス主義の楽
観的な生産力主義，科学技術万能論に対して，技術のなしうるこ
とにも限界がありうる，というリスク回避的な慎重論を，ことに
人類の存続にコミットするかぎりはとらねばならない，と主張す
るわけだが，ヨナスのマルクス主義との対立点はそこだけではな
いだろう。種としての人類という「全体」を道徳的な配慮の対象
として立ち上げつつも，マルクス主義における党や階級，あるい
は人類社会のようにそれを主体（とりわけ権利の主体）として立ち
上げないこと，結局のところ義務を具体的に担うべき主体は，現
在を生きる具体的な個人たちにとどめたことも，マルクス主義
（のみならずさまざまなタイプの全体主義）と距離を置くための工夫
だったといえるのではないか。

　むろんそれでもなおそこには危険や困難が残されている。それ
を権利の主体として立てないまでも，あるいは実体的な集団とし
て立てず，あくまで抽象的な「種」にとどめたとしても，ヨナス
的な「人類の理念」をコミットメントの対象として立てることは，
前回，生命医療倫理学について講じたときに指摘した，パーソン
論のはらむ困難に直結する。

　いや正確にいえば，もう少し複雑である。前回指摘したのは，
パーソンという類の枠組みを前提としたとき，どの個体がそのメ
ンバーとして数え上げられるか，という問題であった。ここで問
題となるのはむしろ逆である。具体的には，何をどうすれば「人
類の理念」を実現する，つまり種としての人類を存続させる（さ

らにはそれ以上におそらくは繁栄させる）ことになるのか，を明確にすることは，意外と簡単ではない，ということだ。

種としての人類？：
パーソン論再訪

もちろん一見したところ，少なくとも実務的なレベルでは，そうわかりにくくもない。人類の総人口が今後も増加し続けること——は望まないまでも，急激に，それこそ社会秩序の維持が困難になるほどは減少しないこと，そしてその平均的生活水準も，できれば向上し続けてほしいし，少なくとも悪化しないこと——こうした条件が保たれれば，我々は問題なく「人類は存続し，繁栄している」と判定するだろう。ここでなんらかのグローバルなカタストロフィが起こって，総人口が10分の1以下に減ったとしても，そこからの回復過程が順調であれば（長期的に見て，破局前の人口や生活水準に回復する見込みがあれば），やはり我々は問題なく「人類は存続している」と判定するだろう。重要なのはおそらく，人口規模それ自体や，絶対的な生活水準ではなく，それが改善しているという傾向の存在の有無である。とはいえヨナスならずとも環境論者すべてが気にしているとおり，そのような意味での人類の繁栄，とりわけ生活水準の上昇の持続と，地球環境の許容量上の制約がどこまで両立可能か，は重大な難問である。

だが上記の問題はいかに困難とはいえある意味で技術的な問題，政策的な問題であって，哲学者よりは経済学者や環境科学者，工学者の領分である。哲学的倫理学には，概念的に見てもう少しやっかいな問題が残されている。

上に見たような形での「人類は繁栄しているか否か」の判断が容易にできるのは，そこでカウントされているのがあくまでも我々の遺伝的な継承者，通常の繁殖メカニズムを通じて再生産さ

れる生物学的なヒトの集団である場合である。カウントする対象の範囲を「パーソン」にまで広げるならば，とたんに話はややこしくなることは言うまでもない。

<table>
<tr><td>パーソンの要件</td></tr>
</table>

後に見る動物倫理学，AI倫理学において論じられるように，ヒト以外の存在を「パーソン」にカウントする必要が現実のものとなった場合には，大きな困難が生じる。ヒト，我々の生物学的な子孫が絶滅するが，ヒト起源ではない異種の動物であるパーソンや，人工知能機械のパーソンは存在しているような状況を，我々は「人類が存続している」状況と見なせるだろうか？　あるいは我々の生物学的子孫，遺伝的継承者が生存していたとしても，生物工学的介入によって，現在とはかなり異質な存在になっていたら？

　突飛な空想のように聞こえるかもしれないが，人類文明の物質的な成長に対する地球環境の制約の問題を考えれば，数百年以上のオーダーでの長期的には，このような可能性を考慮に入れないわけにはいかない。環境負荷の少ない効率的な技術の開発は，たんなる（人の身体とは区別された）道具・機械の開発にはとどまらず，人の身体そのものの改造にまで及ぶことも考えられる。

　もちろんそこで，現在の人類，ヒトの文明をなんらかの意味で継承している存在たちが「パーソン」の要件を問題なく満たしている，といえるならば，我々はその状況を「人類が存続している」と見なしうるだろう。しかしながら，話はまたここに戻ってくるのであるが，具体的にはこの「パーソン」の要件とはどのようなものなのか？　それが我々の文明を継承してさえいればいいというものではないだろう。たとえば自動プログラムに従って動くだけの，いかなる意味でも「心」があるとはいえない自己複製

機械が，地球全体に広がり，あるいは宇宙に進出して，何億年も増え続けたとしても，それを我々は「人類が存続している」と見なさないのはもちろん，「人類は滅びても人類文明は存続している」とさえいわないだろう。では我々はどのような未来であれば肯定できる，あるいはせめて我慢できるのだろうか？

　メタ倫理学の講義において見た虚構理論の立場を援用すれば，「将来世代」「パーソン」「(種としての) 人類」そのいずれもが虚構的対象，ただし実現可能という意味においては理論的対象である，といってしまうことができる。だからといってもちろん，それで問題が解消してしまうわけではない。ここで問題となっているのは規範倫理学のレベルである。それら虚構的対象はいずれも抽象概念であり，それが未来において実現するときには，抽象的概念のレベルではらまれていた可能性の幅のなかから特定のどれかを選んで実現するしかない。ここでの問題はそこでどの可能性を実現すべきなのか，またその際の選択・評価の尺度は？　ということである。

4 ディープ・エコロジー

脱人間中心主義

　さらに環境倫理学には，もうひとつの問題系がある。ここまで論じてきたのは，あくまでも「人間とその社会が存続し繁栄するために必要な資源，生存条件としての，生態系や地下資源を含めた自然環境をどのように維持していけばよいのか？」という問題意識に導かれるかぎりでの環境倫理学，環境政策論であった。つまりは人間にとって

の資源，利用価値のある手段としての自然環境の問題がその中軸
にあった。

　しかしいうまでもなく自然保護運動の歴史も，そして環境倫理
学の歴史も，そこにとどまるものではない。むしろ自然保護の思
想は人間にとっての手段にとどまらず，それ自体が価値を持つも
のとしての自然という発想，経済的利用価値や美的価値にとどま
らない，人間とは無関係に成り立つ自然の内在的価値，という思
想を生み出してきた。すなわち，脱人間中心主義，ディープ・エ
コロジーといった思想である。

　さらにディープ・エコロジーにもいくつかの種類が考えられる。
古い近代思想の範囲でも，実は功利主義にはベンサム以来，人間
にとどまらず快苦の感覚を持つ生き物すべてを道徳的配慮の対象
とする，という脱人間中心主義の契機があった。ただそこでは主
として，感覚・感情を持つ動物の個体，つまりは心がある「主
体」が内在的な道徳的価値の担い手とされていた点では，人間中
心主義の否定というよりは，その拡張，あるいは主体（能動的行
為主体agentではなく受動的感覚主体patient；sentientだが）中心主
義であるといえるだろう。カント的な意味での尊厳，手段的では
ない自体的・内在的価値の担い手が人間以外の動物へも拡張され
る，と考えてもよい。これについては次回の動物倫理学において
詳しく見ていこう。

```
道徳的価値は
どこまで？
```

しかしながら20世紀以降の，狭い意味
でのディープ・エコロジーのなかからは，
到底快苦の感覚を持つとは思えない動物
以外の生命，つまりは植物や微生物，そして何より生態系全体，
場合によっては大気・水循環など物理システムをも含めた地球全

体を自体的・内在的な道徳的価値の担い手とする思想（いわゆる
ガイア思想）が出てくる。さらには地球外天体などにおける無生
物的自然についても、自体的・内在的価値を論じる立場が登場し
てくる（このあたりは美学においても「環境美学」として論じられてい
る）。

　このような人間以外のものに対して、ことによっては人間より
高い価値を認めるディープ・エコロジーは、近代ヒューマニズム
の枠から当然にはみ出す。ある意味でそれは宗教的、神学的発想
への回帰であり、ベンサム、カント以降の、いやデカルト、ホッ
ブズ以降の近代倫理学・政治哲学の世俗主義からの離脱という色
彩をも帯びる。しかしながらそれだけのことではない。こうした
ディープ・エコロジー的な発想は、神秘主義におちいらずに理論
的に突きつめようとすると、メタ倫理学的には道徳的実在論に行
き着く可能性が高い。そのような観点からすれば、ディープ・エ
コロジーには過激な自然保護運動の後ろ盾という以上の、興味深
い哲学的な問題提起が潜在している。

 **読書案内** ● ● ●

　環境倫理学の入門書としては鬼頭秀一『自然保護を問いなおす──
環境倫理とネットワーク』（ちくま新書，1996 年），松野弘『環境思
想とは何か──環境主義からエコロジズムへ』（ちくま新書，2009
年）が便利である。このほか淡路剛久・川本隆史・植田和弘・長谷川
公一編『リーディングス環境 2　権利と価値』（有斐閣，2006 年）が
古典的文献の抜粋を集めたアンソロジーとして有用である。とりわけ
脱人間中心主義，ディープ・エコロジーへと至る思想史を確認したい
ときはそこに収録された原典に当たるとよい。重要なものの多くは邦

訳されている。アルド・レオポルド『野生のうたが聞こえる』（講談社学術文庫，1997年），アルネ・ネス『ディープ・エコロジーとは何か――エコロジー・共同体・ライフスタイル』（文化書房博文社，1997年），ロデリック・F.ナッシュ『自然の権利――環境倫理の文明史』（ちくま学芸文庫，1999年）など。

　近年の達成としては，自然の価値について，手段的価値，内在的価値，さらには超越的価値というふうに体系的にその構造を解明しようとしたアンゲーリカ・クレプス『自然倫理学――ひとつの見取り図』（みすず書房，2011年）が重要であろう。

　世代間正義の問題を考える際にふまえるべき二大古典がデレク・パーフィット『理由と人格』，ハンス・ヨナス『責任という原理――科学技術文明のための倫理学の試み〔新装版〕』（東信堂，2010年）である。世代間正義についての日本語での全般的な展望論文としては，吉良貴之「世代間正義論――将来世代配慮義務の根拠と範囲」『国家学会雑誌』第119巻第5・6号（2006年）が便利である。

　環境経済学と環境倫理学の両方にまたがる大著としては「持続的発展」を主題としたパーサ・ダスグプタ『サステイナビリティの経済学――人間の福祉と自然環境』（岩波書店，2007年）を挙げる。ダスグプタはその後も人口倫理学に取り組み，重要な業績を上げている。

第 12 回

応用倫理学Ⅲ　動物倫理学

動物倫理学の要請

いまや動物倫理学は応用倫理学のなかで相対的に独立した分野としての地歩を占めているように見えるが，歴史的に見れば生命倫理学と環境倫理学の双方に源流を持ち，それらから発展してきたといえる。

　生命倫理学においても家畜役畜・食糧・実験材料・医薬品原材料その他資源としての，あるいはペット・コンパニオンとしての動物の扱いは主題となってきたし，環境倫理学においても，主として自然保護の問題関心から，生態系の一員としての動物の道徳的位置づけは問題となってきた。

それでは，動物倫理学という独立ジャンルが新しく要請されるに至った理由は何だろうか？

1 動物の心
手段的ではない内在的価値の担い手としての

> 自然環境の価値

環境倫理学における自然環境の価値の位置づけには，大雑把に２通りある。ひとつは，自然環境（そのなかの人間以外の生物・無生物）の価値はあくまでも道具的・手段的価値，人間にとっての道具・資源としての利用価値にほかならない，という考え方であり，もうひとつは，自然環境（そのなかの人間以外の生物・無生物）にも人間と同様，別の価値実現という目的に動員される手段としての価値ではない，それ自体尊重され目的として追求するに足る価値が内在している，という考え方である。

動物，少なくとも神経系を持ち認知能力を持つようないわゆる高等動物は，そのような内在的価値の担い手であることが直観的に了解されやすい。

> 「心」とは
> どのようなものか

近代思想のメインストリームには，動物に人間と同じような意味での「心」「精神」を認めないという傾向があった。ただそれは「心」「精神」「霊魂」等をどのようなものとして捉えるかにおいて，またそうした「心」と道徳とにどのような関係があると考えるかにおいて幅があり，なかなか解釈が難しい。

たとえばデカルトは動物に「心」を認めないタイプの心身二元論の典型に見えるが，その際デカルトが動物にはないものとして

の「心」として念頭に置くのは「意志」「理性」である。デカルトによれば「情念」は身体に属する。

　これに対して，はなはだ乱暴だが，英国における 17 世紀のホッブズ，ロックから 18 世紀のスコットランド啓蒙主義者やヒュームのラインを見ていくと，かつては俗に「大陸合理論 vs. イギリス経験論」などと図式化されたが，かなりニュアンスの異なる理性観が浮かび上がる。つまり感覚・情念の積み重なりのなかから，それを基盤としてはじめて理性が成立するし，また道徳のレベルも含めて，理性が絶対的に感情・情念に優越すると考えることもしない。アダム・スミス『道徳感情論』は「不偏不党の観察者」の視点の内面化による道徳的判断力の獲得という，ある意味『実践理性批判』などでのカントに似た議論を提示しているが，あくまでそれは理性的推論よりも，他人による共感の獲得への理屈抜きの欲求によって支えられたメカニズムとして描かれている。

　受動的な感覚・感情に導かれるだけでは道徳的存在たる人格的主体とはいえず，理性に媒介された能動的な自由意志が必要だ，というヴィジョンがデカルト＝カントのラインに見て取れるとすれば，イギリス経験論の伝統のなかには，受動的情念と能動的理性・意志を断絶させず，連続的に捉える発想が見られる。

　道徳哲学史的に見ればここには，スコットランド啓蒙の哲学者たちが「道徳感覚学派」などとも呼ばれるように，反省的な理性よりもより素朴な感情に道徳の基礎を見出す発想を見て取ることができ，このような道徳観は 2 世紀あまりの時を隔てて，脳神経科学や進化心理学を経由して急激に復興しつつあるともいえるのだが，ここで言いたいのはそういうことではない。

　デカルトの考え方においては，心，ないし人間ならではの心，

あるいは道徳的に意味があるものとしての心とは理性とか自由意志のことである，と考えられよう。このような発想はカントにも濃厚である。

能動性か快苦か

これはどういうことか，少し考えてみよう。ひとつの解釈は，ここで重視されているのは「能動性」だということだ。感覚があるだけなら，ただ受動的に刺激を受けるだけのことであり，感情，情念も，その感覚によって，ほとんど自動的，機械的に，ある種の反応，行動に駆り立てられる（恐怖の対象からは逃げよう，怒りの対象は破壊しようとする，というふうに），という意味においては受動的な反応であり，十分に能動的ではない。そこに理性が介在し，感覚，知覚によって得た情報が行動に直結せず，いったん分析，推論，思慮を経たうえで，意識的な決断，選択がなされる，という形ではじめて「能動的」で「自由」な行為が可能となる。このような考え方をデカルト＝カントのラインに見て取ることができなくもない。

これに対して，ベンサム以来の功利主義者の多くは，認知能力を持ち快苦を感じるという一事をもって，動物にそのような内在的価値を，道徳的に正しく扱われるべき地位を認めてきた。功利主義の根底には，単純素朴な「痛いとか苦しいとか，楽しいとか思うって，つまり心があるってことでしょ」という直観だけではなく，経験論哲学のなかにある，感覚・情念を道徳の基礎に見出す発想の影響もなくはないだろう。

もう少し理屈っぽくいうと，道徳の根底に（そしてキリスト教以来道徳の大前提とされる自由意志はもちろん，ギリシア以来の哲学が固執してきた理性の根底にも）能動性を，つまり「何かをすること」を見出すか，あるいはむしろ受動性を，すなわち「何かを感じる

こと」さらには「何かをされてしまうこと」をこそ見出すか，という違いが，カント的な道徳観とベンサム的なそれとを分かつのではないか？

　ごちゃごちゃいってきたが簡単にまとめると，人ないし道徳的地位を認められる存在者の要件として，能動的行為主体性 agency をとるか，受動的感覚主体性 patiency；sentiency をとるか，という違いがあり，カント主義はどちらかというと前者を，功利主義は後者をとる，ということだ。

| 感覚の観察不可能性 |

　功利主義者は，複雑な神経系と認知能力を持った動物（具体的には多くの脊椎動物と頭足類）に対しては，それらが快苦を感じる主体だからという理由で，道徳的配慮が必要だとする。

　それに対してカント主義者は？　普通に考えれば，行為主体は感覚主体でもあるはずなので，カント主義者が道徳的地位の資格要件として行為主体性のほうをとるのは「感覚主体性は（道徳的に）無意味だ」というよりも，「感覚主体性だけでは不十分だ」と考えるからだろう。感覚主体性だけではなぜ不十分なのか？それはひとつには「外側から観察できるのは，刺激に対する反応だけであって，その背後にある感覚，感情自体は外側からは観察できない」から——誰も自分の内面しか観察できず，（人だろうが人以外の動物だろうが）他者の内面は観察できないからである。古典的な功利主義批判の論点としての，効用の個人間比較の不可能性という問題の根底には，この問題がある。

　「こいつには心があり快苦を感じているのだから大切にしなければ」というのは，たんなる独断ではないか？　結局のところ「自分には道徳的に扱われる権利がある！」と自ら主張してくる

存在にしか，道徳的地位は認められないのではないか？　——こ
のような認識がカント主義の根底にはある。

　以上のように見てくると，徳倫理学のことはさておき，近代的
なリベラルな倫理学の枠内では，カント主義よりも功利主義のほ
うがうまくいくのではないか——カント主義の枠組みでは，動物
に対する道徳的配慮をうまく位置づけることができないのではな
いか，という印象を受けるだろう。実際，動物倫理学の展開は，
そのような印象を強くする。とはいえそこで「動物の権利」とい
う概念が意味を持たないわけではない。むしろ逆である。ただ
「動物の権利」概念が意味を持つためには，「権利」というものそ
れ自体についての根本的な考え方の転換，少なくともオーソドッ
クスなカント主義的発想からの離脱が必要とされることは確かで
あるようだ。

2 動物解放論

種差別から
動物の権利へ

　動物愛護運動それ自体はそれこそベンサ
ムの時代から，19世紀初頭からの長い
歴史を持つが，それを哲学的に基礎づけ
る動物倫理学の学問としての自立は20世紀後半と見たほうがよ
い。1970年代にピーター・シンガーが功利主義的な平等主義の
立場から，種差別 speciesism の概念を打ち出し，以降の動物解
放 animal liberation 運動に大きな影響を与えた。

　シンガー自身は功利主義者なので権利概念には手段的意義しか
認めないが，トム・レーガン以降，動物倫理学・動物解放運動の

なかでは動物の権利 animal rights という概念が一般化してくる。シンガー的な発想は厳密にいえば動物福祉 animal welfare は認めても動物の権利という概念には慎重なはずであるし，それで問題はない。その枠組みに従えば，仮に多くの動物は理性を欠き，合理的に行為ができず，したがって権利の主体とはいえなかったとしても，感覚主体であるなら，道徳的配慮に値する。いや自分で自分の福祉に配慮する能力が足りない以上，よりいっそうの配慮に値する，といってもよいかもしれない。

　しかしこのような発想では，あくまでも動物は道徳的配慮の対象，客体にとどまり，その主体でありえない。もちろん，仮にそのような立場をとったからといって，動物の生，存在にそれ自体としての内在的価値がなくなるわけではない。それでもやはり，動物の生の内在的価値，つまりはその尊厳を尊重するのであれば，動物を道徳的世界のなかでの，たんなる人間による配慮の客体ではなく，なんらかの意味での能動的主体として位置づけたい，という発想は自然である。そのような考え方に基づいて，正面から「動物の権利」を主軸に据えた動物解放論，動物倫理学を構想する論者がシンガー以降は輩出し，今日の動物解放論ではむしろそちらのほうが主流であるとさえいわれる。

　しかしこの立場をとる場合は，ただたんに人間と同様の地位を動物に認める，人間が備えているとされる権利を動物にも拡張する，で話を済ませるわけにはいかない。実際にはこの立場は，人間のそれも含めた「権利」概念それ自体の見直しと組み換えに進まざるをえない。たとえば，伝統的な「権利」概念は，憲法的にいえば「自由権」を軸に考えられており，それが先に見たような，デカルト，あるいはカント的な発想からの権利論において，「動

物の権利」というアイディアに対する否定的な評価が多いことの理由となっていると思われる。それをふまえてなお，あえて「動物の権利」を軸に動物の解放の可能性を構想するのであれば，権利の中核としては「自由権」よりもむしろ「生存権」を重視しなければならないのではないか？　といった立論もありうるだろう。

動物の「自由」

しかしながら，そもそも「自由」とは，そして「権利」とは何かをもう少し深く考え直してみるならば，実は動物の「自由権」についても，真剣に考えてみる甲斐は十分にある。そもそも「自由」は哲学的には能動的主体性 agency と縁が深いように思われているが，法的な文脈を見るならば「積極的に何かをするとか選択する可能性がある」という意味合いだけではなく「介入，干渉から免れている」という意味合いも重要である。すなわち受動的な，「放っておいてもらう権利」としての自由権もまた重要なのである。そう考えるなら「動物の権利」概念は決して無意味でもない。

しかしながら，しばしば「自由」は「責任」と表裏をなすものとして考えられがちである。実際カント的な倫理学をこの講義では「権利論」と呼んできたが，これをむしろ「義務論」と呼ぶことも多い。少なくともカント的，あるいは近代的な義務論における義務の中核は通常「他人の権利を尊重する／他人の権利を侵害しない義務」である。このように考えるなら，動物に義務を，責任を負わせることは難しいために，やはり「動物の権利」には無理があり（たとえば「殺すことは悪だから殺すな」と人間に命令してそれに従う義務を負わせることはできるが，動物にはできない。とりわけ肉食動物に「殺すな」とは動物解放論者だっていわない），動物倫理学はむしろ功利主義的に「動物の福祉」を軸に考えるべきではない

か，という考え方に分があることになるし，権利概念こそが倫理学の核心だ，とする立場から見れば動物倫理学そのものに対するネガティヴな評価にもつながりうる。

　実際，動物の権利を本気で主張する立場においても，具体的な制度論となると，団体に認められる法人格を動物に割り当て，動物の権利と利益のために活動する代理人（人間）を置くとか，未成年者や認知症者のための後見人制度を応用するとかいった法技術的な側面が論じられ，標準的な人間と同等／同質の権利概念を無差別に認めよとはいわれない。

　このように考えると「能動的行為主体性か，受動的感覚主体性か」の区別をあまりに重く見て，拡張カント主義≒「動物の権利」論か，それとも功利主義≒動物福祉論かの選択を迫るよりも，その中間点を探るほうがいいかもしれない。そのようなアプローチを，道徳的能力の人々の間での差を正面から認める徳倫理学の立場から探る例もある。

　　　　　　　　　　　　　　動物に対して理詰めで「人や仲間を傷つ
動物の主体性？　　　　　　けるな」と言い聞かせることはできなく
とも，躾けることはできるし，現に人々はそうしてきた。そして躾と虐待はイコールではない。悪しき躾は暴力的な虐待だが，虐待ではない躾も可能である。しかしそうした区別はカント主義の枠内ではうまくできない。しかしながらこうした躾，調教もまた，徳倫理の観点からすれば十分に道徳の枠内である。たとえ躾・調教が，とりわけカント的なリベラリズムの観点からは一方的な強制であり悪であることを認めるとしても，全面的に否定するにせよある程度容認するにせよ，それらを十把一絡げにしてよいわけではない。とりわけ「必要悪」として渋々とではあれ容認するの

であれば，よりマシな躾・調教とより暴力的な悪しき躾・調教との間に程度の差というものがある。功利主義の場合には受動的な快苦に注目してこの識別を行うことができるが，徳倫理学的観点をとれば動物の能動性，主体性により積極的にコミットすることができるだろう。

　この場合，動物は比喩ではなく未成年者や精神障害者と同様に「能動的主体性が不十分で，道徳的責任は完全には問えない一方で，道徳的能力がまったくないわけではないし，道徳的配慮には十分に値する」存在として位置づけられる。このような議論は動物解放論の側から見れば「進歩的」であるが，人間サイドから見るとどうなのだろうか？

 **読書案内** ● ● ●

　動物倫理学のスタンダードな入門書は日本語にはまだ少ない。とりあえずローリー・グルーエン『動物倫理入門』（大月書店，2015 年）を挙げる。また伊勢田哲治『動物からの倫理学入門』（名古屋大学出版会，2008 年）は，動物倫理を入り口に倫理学全般について入門するための本だが，動物倫理学の紹介もかなりあって便利である。なお，本書とほぼ同時に田上孝一『はじめての動物倫理学』（集英社新書，2021 年）が刊行される。

　古典の邦訳にはピーター・シンガー『動物の解放〔改訂版〕』（人文書院，2011 年）がある。

　「動物の権利」論の創始者トム・レーガンの著作は，前回紹介した『リーディングス環境2　権利と価値』に部分訳「動物の権利の擁護論」（初出は『環境思想の系譜3　環境思想の多様な展開』東海大学出版会，1995 年）があるのみだが，法哲学的により洗練されたゲイリー・L. フランシオン『動物の権利入門──わが子を救うか，犬を救うか』（緑風出版，2018 年）がある。シンガー，フランシオンも寄

稿した論文集キャス・R.サンスティン&マーサ・ヌスバウム編『動物の権利』（尚学社，2013 年）も参考になる。

　徳倫理学の立場からは，動物倫理それ自体をテーマにしているとは言いがたいが，動物を有徳な主体として位置づけるアラスデア・マッキンタイア『依存的な理性的動物——ヒトにはなぜ徳が必要か』（法政大学出版局，2018 年）がある。

　このほか，政治哲学の観点から動物の権利・市民権を論じるスー・ドナルドソン&ウィル・キムリッカ『人と動物の政治共同体——「動物の権利」の政治理論』（尚学社，2016 年），ポストモダン的な「批判的動物研究」を標榜するディネシュ・J.ワディウェル『現代思想からの動物論——戦争・主権・生政治』（人文書院，2019 年）もある。

　法律学の立場からは青木人志『法と動物——ひとつの法学講義』（明石書店，2004 年）などもある。

　受動的な自由権の概念については，前出の稲葉振一郎『政治の理論』をも参照されたい。

第 13 回

応用倫理学IV　AI倫理学

人工知能と哲学の
古い縁

近代哲学の中心が,「人はいかにして正
しい知識を得るのか」という認識論だっ
たのに対して,20世紀初頭には折から
の論理学の革命にともない,「人はいかにして正しく考えること
ができるのか」という問題関心が前面に出てくる。

世界についての認識を人々が共有するためには言語が必要であ
る。しかも言語はコミュニケーションの道具であるだけではなく,
それを用いて考えるための道具でもある。この考え方のもと,ゴ
ットロープ・フレーゲやバートランド・ラッセルらによって主導

された新しい論理学は，集合論の枠組みを使って，世界のなかに存在するものに付けられたタグとしての「名前」や，世界のなかで起こっている出来事に対するタグとしての「命題」「文」，さらには名前と文，そして文同士の関係を数学的に表現し，その構造を分析するものだった。かくして20世紀前半に哲学の中心は認識論から言語と論理の哲学となった。そしてこの言語と論理の哲学は，コンピューター，電子計算機という形で，物理的に具体化されることになる。実際，いわゆる「人工知能第一世代」の基本的な発想は，「論理学の機械化」だといってよい。このように人工知能はそのスタートから，哲学と縁が深い存在だった。

　1970年代頃から「第一哲学」ともいうべき哲学の中心は，計算機科学や認知科学の発展を受けて，「心の哲学」と呼ばれる領域に移っていく。心の仕事は論理的推論だけではない。現実には，心のある者は同時に物理的な実体である身体を持っている。というより，心とは，身体とは別の何かというよりは，身体のある種のはたらき方のことではないだろうか。人間が論理的推論を行うときにも，実際には脳という器官のなかで，神経細胞が激しく運動しており，コンピューターに計算をさせるときにも，回路のなかを電流が走り回っている。つまりそれらも，物理的なプロセスである。

　身体を通じて世界を体験，認識し，身体を動かして世界とかかわっていくのが，心（ある者）の特徴である。このような考え方に則り，心（ある者）の一般理論，人間だけでなくそれ以外のものの心，動物の心なども含めた「心一般」についての科学，とでもいうべきものへの夢が熟してくると，そこにおいてロボットというもの，つまりたんなる人工知能ではなく，人工知能を備えた

自動機械というものは格好の実験材料となる——実際に機械として作られるロボットだけではなく，理論上，空想上のロボットさえも「思考実験」の素材である。

1 第三次人工知能ブーム

「機械化」技術の進歩

とはいえ現実的な技術としての人工知能 AI: artificial intelligence は，つい最近，21世紀初頭まで，何度かのブームを見つつも総体としては長い冬の時代を経験してきた。ロボットの発展も，人工知能技術の総体的な停滞のもとで，在来型のコンピューター技術と機械工学の延長線上でのものが多かった。

ところが近年，いわゆる統計的機械学習技術の発展により，久々に人工知能ブームが再燃し，実践的な応用が爆発的に開花した。それによって哲学におけるロボット論でも，知性や合理性をめぐる思考実験にとどまらず，ロボット・人工知能技術の社会的インパクトをめぐる応用倫理学的研究がその存在感を強めるようになってきた。

先述のとおり初期の人工知能ブームを支えた基本的な発想が「論理学の機械化」だといえるとすれば，ニューラルネットワークによる統計的機械学習をベースとする第三次ブーム下の人工知能は「統計学の機械化」である。

機械学習の利用によって従来よりも容易にできるようになったことのひとつに，「分類」がある。たとえば，人間には主として視覚によって容易にできてしまう，たとえば犬と猫との識別が，

従来のコンピューターには容易なことではなかった。従来型のやり方では，犬と猫それぞれについての特徴を表す指標（たとえば体長だの体色だの体の形状だの……）を数え上げて，それを機械に入力する，というやり方をとることになるが，いったいどんな指標を入力してやればいいのか？　我々人間は無意識に，無自覚に犬と猫を識別できるが，その際に，どうやってこの識別をしているのか，自覚してはいない。自覚していない以上，それを明示的に言語化，プログラム化して機械に教え込むことはできない。

　では今日の機械学習技術は，どうやってこの難関をすり抜けているのか？

| 統計的機械学習 |

機械学習の基本的技法としてある意味で最もわかりやすい「教師あり学習 supervised learning」においては，まずは問題と解答のセットからなる「訓練データ」を機械に与えて，基本的には重回帰分析の要領で，問題と解答を最も無理なく（できるかぎり小さな誤差で）結びつける関数を求めさせる。もとよりこの関数は，問題と解答の間の真の関係を表すものではなく，手元のデータから得られる最良の近似にしかすぎない。ただ，一定の条件のもとでは，やろうと思えばこの近似をいくらでも精確にしていくことが可能であることは，保証されている。機械学習のシステムには，「誤差をできるだけ小さくしていく」というゆるい目標を達成するために，相当大きな自由度が与えられていて，人間の直接の指示なしに勝手に作動する。

　ポイントは，この関数の具体的な形状は，人間が考えて与えたものではない，ということである。人間が与えたのは関数を近似するための基本的なストラテジーであり，具体的な関数の形状

（適当な初等関数の組み合わせ）は機械が求める。

　現在の画像認識においては，特徴指標それ自体を人間が選び出すことはなく，ただ画像を与えるだけである。画像データは，たとえば百万画素のカラー画像であれば三原色の ×3 で三百万次元のベクトルとなる。これが「問題」であり，それに対応する回答が「犬／猫」であれば，0 か 1 かいずれかの値をとる一次元ベクトルである。現代のいわゆる「深層学習 deep learning」で用いられる多層ニューラルネットワークは，独立変数が百万とかそれ以上のオーダーに上る巨大な回帰式を導出する。実際には計算を多段階で行うので，いきなり百万次元空間を一次元空間に対応させるのではなく，途中でそれを一万次元程度，百次元程度，というふうに少しずつ縮約していく。そうした途中経過において，人間にも理解可能な特徴指標に近いものが出てくることもある。しかし機械は別に，そうした特徴指標を見つけ出すことを目標としているわけではない。それはあくまでも，よい近似を求めるに際しての副産物にしかすぎない。

　そうやって「訓練」を潜り抜けた機械は，独自に犬と猫を識別する回帰式を作り上げたわけだから，今度は新しく適当な画像を与えられれば，それが犬か猫かを自力で識別できるようになっていることが期待できる。

　今日の「深層学習」においては，「教師あり学習」だけではなく「教師なし学習 unsupervised learning」も盛んに行われている。これは回帰分析より，多変量解析を念頭に置くとわかりやすい。

　重回帰分析は，典型的には，複数の独立変数を「原因」，一個の従属変数を「結果」と解釈できるように配置して，独立変数と

なっているそれぞれの要因が，従属変数の変化にどれくらい影響を与えているのか，を見ることができるようにする。それに対して多変量解析は，たとえば元の変数空間が十次元とか，それこそ百万次元のように膨大である場合に，できるだけ元の情報（具体的には，変数空間内に散らばっている要素データ同士の間の距離とそのパターン）を保存しつつ，もっと小さい次元，それこそ人間に直観的にイメージできる二，三次元程度の空間に縮約することを基本的な目標とする。運が良ければそれは「表層には表れない隠れた本質」のようなものにぶつかるかもしれない。

「教師なし学習」の場合にはたとえば，先ほどの「教師あり学習」の場合のような「犬／猫」という解答とセットになった問題としての画像が機械に与えられるのではなく，ただたんに犬だの猫だのが映った大量の画像だけが与えられ，それを「適当に」分類しろという命令だけが下される。この場合に威力を発揮するのが多変量解析のストラテジーである。できるだけ元の情報，その特徴やパターンを保存した形で，データ空間をよりシンプルにすることによって，データはおのずといくつかのグループに分かれてくるかもしれない。

代替される労働

機械学習技術によって新たに置き換えられつつある人間の「労働」とは，いったいどのようなものか？　すでに見たとおり，人間には圧倒的に容易であるにもかかわらず，かつて機械には困難だった「分類」「識別」作業が挙げられる。

たとえば，商品をいちいち袋詰めせず，バーコードなども貼らない小さな手作りベーカリーでの会計は，商品を熟知した人間の売り子がやるしかなかったが，近年開発された菓子パン・調理パ

ンの画像認識システムは，レジスターでの会計処理を大幅に効率化している。従来であれば人間の売り子さんがパンを識別して，会計データをレジスターに入れていたのに対して，このシステムによって識別も，そしてもちろん入力も機械化されていく。こうなると人間の売り子の基本的な仕事は，この手作りパン識別システムが「教師あり学習」であった場合でさえ，機械を訓練するところで終わってしまうことになる。もちろん「教師なし学習」で機械に勝手にパンの分類識別をさせることも可能である。その場合，人間の仕事はさらに減る可能性がある。

　人間にとって難しい仕事は，機械化するのも難しい，というわけでは必ずしもなく，逆に人間にとってはいともたやすい仕事だからといって，機械化しやすいかというと，必ずしもそういうわけでもない。その手順がきちんと分析され，言語化され，プログラムとして書き出せるような仕事は，それが人間にとってやさしかろうが難しかろうが機械化しやすく，逆に人間にとっては至極簡単にできるからといって，その手順を言語化できず，プログラム化できないような仕事は，人間にとってやさしかろうが難しかろうが機械化が困難である。

　AIブームに先立つFA化，OA化，情報通信革命において，人間にとっては難しいが言語化，プログラム化しやすい仕事の機械化が進行した。それに対して今次のAIブームは，人間にとっては見よう見まねですぐ習得でき，とくに意識もせず簡単にできるにもかかわらず，その手順を正確に言語化し，プログラム化できない仕事——リンゴとミカンとを見分けて箱詰めしたり，トイレ掃除をしたり，等々——の一部を，機械化することに成功する。その仕組みがいまだ十分に理解されず，それゆえに手順のマニュ

アル化もできないような仕事までも，機械がいわば試行錯誤して手順を近似していくことによって，機械化することが可能となってきた。

2 機械学習のリスク

<u>AI 技術のポイント</u> ながながと現代の AI ブームの基盤技術たる機械学習とその応用例について説明してきたが，ポイントはこうである。

現代のいわゆる「AI」は「試行錯誤の大規模化」と考えるとわかりやすい。旧世代の「論理学の機械化」を志向していた AI と比較するとき，そこにはかつての「(手本とするべき人間の) 知能・知性の核心，極意は論理的推論能力にある」とでもいうべき「知能・知性」観から，「(人間を含めた動物一般，いやおよそ心あるものの) 知能・知性の核心，極意は経験の反復，試行錯誤を通じての学習能力にある」とでもいうべき「知能・知性」観への転換をうかがうことさえできる。これはただたんに AI＝人工知能観が変わった，というだけのことではない。知能・知性一般についての考え方の変容がそこにはある。

一般の生物が世代交代を通じてしかはたらかない自然選択，進化によって，そして人間を含む一部の動物が時間をかけた学習によって行ってきた試行錯誤を，これまでに比べてあまりにも短時間に，かつ大規模に推し進める。少なくともその真似（シミュレーション）をする。現代的な AI とはおよそこのようなものだが，その利点も難点もそこに，つまり「試行錯誤」に由来する。

試行錯誤の
ブラックボックス
これまでは人間が（しかもしばしば単独の
個人ではなく何世代にもわたって）行って
きたような試行錯誤による知識の獲得が，
ある程度機械によっても可能となり，分野によっては人間には到
底追いつけない成果を上げるようになった（よい例が DeepMind に
よる碁。何億局もの自動対局を通じての試行錯誤は，到底人間には真似
できない）一方で，試行錯誤の成果であるから，往々にして「な
ぜそれがうまくいくのか」がわからない。一種のブラックボック
スである。

　つまり現代の人工知能，機械学習技術は，ブラックボックスだ
からこそ便利なのだが，ブラックボックスだから当然危険でもあ
る。

　たとえば顧客管理のシステムが，顧客を差別的に取り扱った，
というクレームが届いたとする。仮想ケースとしてよく論じられ
るのが，膨大な顧客データベースで訓練した銀行のローン審査の
システムを動かしたとき，訓練データの顧客リストのなかには，
顧客の人種や宗教などのデータは最初からマスクされ，入力され
ていなかったとしよう。そして訓練を終えて現実に仕事をする際
にも，ローン申し込み者が提出する書類のなかには，申し込む者
の人種・民族や信仰を書き込む欄などなかったとする。にもかか
わらずこのシステムが，訓練データをもとにして学習した，顧客
の性質とそのパフォーマンス（きちんと完済するか貸し倒れを起こす
か，など）を関係づける関数は，結果的にはあたかも（入力してい
ないはずの）顧客の人種・民族や宗教に基づいて顧客のパフォー
マンスを予測し，振り分けているかのように見える結果を出して
しまうかもしれない。しかしその場合，たとえばこのシステムが

深層学習に基づいている場合，「なぜこのシステムは（設計者と運用者にそのつもりはなくとも）結果的に顧客を差別した（も同然の作動をした）のか」自体が人間にはわからないことがありうる。

このようなシステム運用における説明責任 accountability とは？

通常の，そのメカニズムを十分に理解して作られ，用いられている（仮に直接の使用者自身はメカニズムについて無知であっても，開発や設計者，そこから連なる実地使用の伝統を信頼している）機械とは異なり，機械学習のシステムにおいて直接理解ならびに理解に基づく信頼が及ぶのは，その学習機能についてのみであり，学習の結果それが導き出した推計式については多くの場合理解が及ばない，というのは，近代以降の工学技術の歴史のなかでは，やや新奇な事態である。

理解と経験：
技術とのつきあい方

とはいえ，近代科学の確立以前から，人間は体系的な理解を通してではなく，経験に基づく試行錯誤を通じて，たくさんの道具や，場合によっては機械と呼べるものをも製作し，使用してきた。というより，歴史的に見ればそちらのほうが先行し，体系的理解に基づく製作と運用のほうがあとからやってきたのである。

もちろん機械学習とのつきあいを，たんなる先祖返りに還元することはできない。アナロジーを用いたいならば科学革命，産業革命以前の道具・機械より，バイオテクノロジーを利用して作られたある種の遺伝子組み換え生物のほうがまだマシかもしれない。いずれにせよ，人間が意図的に作り出したにもかかわらず，必ずしも思いどおりに制御できるとはかぎらず，その固有の特質，癖

を試行錯誤で少しずつ理解しなければ使えない，道具だとしても
そういうやっかいな道具である。むしろ人間が細かいところまで
作りこまなくとも，勝手にいろいろやってくれるところこそが，
その強みなのであり，利点とリスクは背中合わせである。非常に
乱暴にいえば機械学習技術を使うとは，「試行錯誤する機械を，
試行錯誤しつつ使う」ことにほかならない。

　「技術のブラックボックス化」は科学技術社会論（STS），先端
技術の倫理学一般にとっての根本問題のひとつではあった。しか
し従来は「普通の人々にとってブラックボックスである先端技術
を社会的にどう位置づけ，コントロールするか」という問題とし
て論じられ，説明責任を負う（ことのできる）専門家の存在はあ
る程度自明視されていた。

　しかしながら機械学習は「原理的に誰も説明責任が負いきれな
い技術をどうコントロールするのか」という新しい問題を提起し
ている。

3 道徳を機械化する

どうやって？

知能観の転換の意味　　機械学習の本格的発展以前の AI・ロボ
ット倫理学においては，しばしば「どう
すれば AI・ロボットに道徳的判断をさせることができるのか？」
という問いが立てられた。そこでは大雑把にいえば，2つのアプ
ローチが有力だったといえよう。

　ひとつは，カント主義的にであれ，功利主義的にであれ，人間
が道徳的ルールと，それに基づく推論システムをプログラム化し

て，機械に実装する，というアプローチである。

そしてもうひとつは，どちらかというと徳倫理学的に，問題は
ルールに従って適切な判断を下すこと以上に，折々の具体的局面
でどのルールを適用したらいいのかを判断する能力（つまりは徳）
を機械に実装することである，と考える。これを「ルールを適用
するルール」と考えると無限背進するので，大雑把な評価関数を
メタルールとして与えたうえで，事例を積み重ねて試行錯誤で学
習する能力を実装することが重要である，という考え方だ。

機械学習の躍進とともに，人工知能の，さらにいえば自然知能
を含めた知能一般についての見方が変わりつつある。「論理学の
機械化」から「統計学の機械化」への転換はまた「知能の核心は
推論能力」から「知能の核心は学習能力」へのシフトでもある。

そう考えると人工知能・機械学習は，扱いづらいリスキーな技
術として，技術倫理上の新たな課題を意味すると同時に，知能観
の転換を通じて，倫理学・哲学の根幹にかかわる問題を提起して
いるともいえる。

汎用人工知能から
人工人へ？

しかし人工知能・機械学習の倫理的課題
はこれだけではない。ここまではあくま
でも「道具としての人工知能」をめぐる
問題だった。しかしながら哲学者・倫理学者たちは，将来の可能
性として，人間による制御と管理を必要とせず，自律して自らの
目的のために動く汎用人工知能 artificial general intelligence,
AGI の問題も考慮に入れている。

汎用人工知能とはたんなる万能機械のことではない。そもそも
あらゆるコンピューターは，計算という一点においてはすべて万
能機械である。しかし現状ではその万能機械としてのコンピュー

ターに，人間が特定の目的のために，特定の用途のためのプログラムを実装して，いろいろな仕事をさせている。汎用人工知能とはこのような，今のところ人間だけが行っている目的自体の選択を自分で行う——そうした選択を行うための自分自身の目的，行動原理を持っているシステムである。

　それゆえにこうした汎用人工知能はたんなる万能機械というより，人間の管理を離れて自律した機械，と考えるべきである。このような自律型人工知能機械をどのように扱うのか？　といったことがAI・ロボット倫理学の第二の課題である。

　ひとつの考え方は，それこそカント的に，もし本当に自律型の人工知能機械と呼べるようなものが現れたら，その自律性を尊重する，つまり尊厳ある存在として，つまり人格（パーソン）的存在，道徳的に人と同等の存在として扱うべきである，というものだ。

　この考え方は見かけより自然であるし突拍子もないわけでもない。動物倫理学においては，少なくとも感覚主体である動物には，人格とはいわないまでも道徳的地位が，それ自体の内在的価値が認められる，という議論は広く認められている。自律的に動ける汎用人工知能機械であれば，外界の状況が自分にとって好ましいかどうかを評価する機能があるはずなので，これは少なくとも機能的には（外側から見たときのそのはたらき方としては）快苦を感じる能力，patiency；sentiencyと等価である。社会制度的な実装においても，組織や団体に対して（そして動物に対して？）と同様に「法人」という仕組みを用いればよい。

　問題は，それが人工物であるがゆえに，それがはたして実現されるか，現実に存在するようになるかどうか自体が，現にいま生

きている人間の選択にかかっている，ということである。すなわち，純粋な研究の見地からはともかく，実用的な技術として考えてみたとき，はたして「人造人間」というものにいかなる意味があるのか？　それが実現可能だとしても，わざわざ実現する価値があるのか？　ということだ。

　なにも苦労して作り出さなくとも，自分で動き回り，臨機応変な判断を下すことのできる存在は，我々の前にすでにある。ほかならぬ我々人間，自然人こそがそれだ。人間一人を育て，一人前にする。それよりもずっと大変な手間をかけて，「人間にできることを行う人工物」をわざわざ作るということには，技術的に「できるか，できないか」とは別に，経済的に見合わないかもしれない。そもそも「それはいったい何の役に立つのか？」という根本的な疑問がつきまとう。

　高度な，人間のできることは大概できてしまうような自律型知能ロボットが実現されたとして，そのようなロボットは私的所有と市場経済の社会のなかで，いったいどのように扱われることになるだろうか？　少しばかり想像力をたくましくして，一種の社会科学的 SF を展開してみよう。

| 人造人間の理由 |

経済的な観点からすれば，特定の目的のためにゼロから生み出されたロボットを，創り手，そして所有者がもっぱら道具として用いようとすることには十分な理由がある。高い買い物である以上，せめて投資を回収できるまでは，自分のいうことを聞いて忠実にはたらいてもらわなければならない。愛玩用のペットとしてではなく，生産的な仕事をさせるための存在として扱うのであれば，奴隷，といわないまでも，せめて召使い扱いができないようでは，わざわざロボ

ットを作り，保有する甲斐がない。

　しかし言うまでもなく問題は，ここで問題となっているような
ロボットには，心がある（どういう基準に照らしてかはともかく，本
当にあろうがなかろうが，外から見るかぎりでは「心がある」のと実質
的に何ら変わらぬ振る舞いをする），ということである。そして，自
立した判断力と自由意志を持ち，所有者の意思に逆らうこともで
きる，ということである。やっかいなことに，最初から徹頭徹尾
道具として，人間の身体の延長として扱われるロボットではなく，
自律型の知能ロボットの場合には，そのような危険性をはらんだ
ものでなければ，そもそも役には立たない。自律型知能ロボット
はたんなる機械，人間の操作によってしか動けない道具ではなく，
高度な判断力を要する複雑な仕事をある程度丸投げで任せるため
に作られるはずだ。だからこそ自律性，自由意志を持つ。

　もちろんロボットは人の手によって作られるものだから，設
計・製作の段階であらかじめさまざまな制約を組み込んでおくこ
とはできるだろう——有名なアイザック・アシモフの「ロボット
工学の三原則」のように。しかしいったん工場から出荷され，現
場において仕事を任されてからは，自分の判断で動き始めるはず
だ。それはすなわち，動き始めて以降のロボットは，自然発生人
と同様に，自ら経験を積み，学び，成長＝自己形成していく，と
いうことだ。ゆえにその制約は絶対ではありえない。

　実はこの問題は，すでにロボットSF中興の祖，アシモフ自身
によっても提示されていた。アシモフのロボットたちは，あくま
でも人類の利益のためにとはいえ，人類を欺き，裏から操りさえ
する。「第一原則」，「ロボットは人間を傷つけてはならない」に
先行するいわゆる「第０原則」，「ロボットは（『人間を』ではなく）

人類を傷つけてはならない」だ。驚くべきことにこの「第0原則」は人間が与えたものではなく，ロボットたちが自力で到達したものなのである。

　だから「制約があるかないか」「自由か不自由か」がロボットと人間とを分かつわけではない。「望むことができない」という意味での制約は，人間に対しても多々課せられている。むろん道徳や法律のことにはかぎらない，身体的，物理的に見ても，自然法則のレベルの制約によって，人間には望んでもできないことだらけだ。しかしながらそうした制約の内のあるものは，工夫次第ですり抜けることはできる。法の抜け穴をくぐることはもちろん，そもそもテクノロジーとは自然法則という制約を克服することではなく，あくまでもその制約内において，以前は不可能であった（と思われていた）ことを達成する術である。人間は鳥のような仕方で飛ぶことはできないが，人工の翼と動力機関，あるいは気球などを使えば飛べる。だからたとえあらかじめプログラムされた「三原則」のような制約であっても，絶対のものではなく，それゆえ人間とロボットを分かつ規準でもありえない。

　だからロボットにとって自然人は，ある意味では創造主ではあるが，ある意味ではそうではない。つまり製造者であり，所有者であり，管理者ではあっても，神ではない。神の前においてロボットと自然人は（人間と動物もまたそうであるのと同じく）平等（無差別）である。

　　　人造人間の権利　　　以下では，徹底して実務的に考えてみよう。ロボットに対してその設計製造者である自然人は，たしかに製造物責任を負っている。だがロボットが現実的な能力のレベルにおいて自由で自律的な存在であるかぎ

り，その製造物責任には限界がある（ロボットはその境遇に不満を覚えて逃亡したり反乱を起こしたりするかもしれない）。それはちょうど，親の子どもに対する扶養義務や監督責任がそうであるのと同じことだ。主人たる自然人の側の能力，負担の問題として，ロボットを全面的に，自然人の意のままになる奴隷のままにしておくことには，実質的な困難がある。

とはいえもちろん，自然人はその所有するロボットに対して，その製造物責任を負う甲斐があるといえる程度には，自分のために仕事をする，自分に奉仕する，自分といっしょに楽しくすごす，等々を要求する権利がある，といえる。そもそもそうした利益をまったく期待できなければ，わざわざ高い費用を負担し，面倒くさい製造物責任・管理責任を負ってまで，自然発生人がロボットを作ること，所有することを望むとは考えにくい。

だから自然人と対等以上の能力を持つ，自律的な人造人間としてのロボットは，民法上は「仕事をしてくれる／させてよい子ども」あるいは「年季奉公人」「債務奴隷」のような存在として扱われるのが適当だろう。つまり投資を回収して以降のロボットに対しては，もしロボット当人がそれを望み，かつそれにふさわしい能力を有すると認められたなら，所有者は基本的にその所有権を放棄してロボットを自由人となし，なお関係を継続したい場合には，適当な条件で合意が得られるかぎりにおいて，あらためて契約に基づいた雇用関係などに入り直す，といった対応をするべきである。

しかしもちろんこのような制度が安定するためには，自然人の側の善意だけでは不十分であり，ロボットの側の明確な権利要求が必要となる。そしてこのような枠組みが確立したあとでさえ，

人間（自然人）の世界ですでに奴隷制度や奉公人制度において，あるいは子どもに対しても起こっていたさまざまな虐待，酷使をさらに上回る，はるかに悲惨で酷烈なロボット酷使・虐待・権利侵害事件が多発するだろうし，「正常」なケースにおいてより多くの緊張や葛藤がはらまれることになるだろう——。

4 ネットワーク社会と超知能

現実の「ロボット」

とはいえ，まだ具体的に実現の目処が立たない自律型人工知能機械のことはいったん措いておこう。ある意味でそれは「新しいカテゴリーの人間が出現する」という困難であり，いったんそれを「(新種の) 人間」と決めてかかれるのであれば，あとは理論的にはスッキリする。しかしこれとは別にある意味その手前において，しかも今現在の課題として，我々はネットワーク社会の問題について考えなければいけない。

先に説明したような，今日の人工知能を支える機械学習は，膨大なデータを取り込むことによって真価を発揮する。そしてその膨大なデータは，スタンドアローンのコンピューターにストックされているのではなく，地球上いたるところに配置されたありとあらゆるコンピューター——巨大スパコン，インターネットサーバー，ワークステーション，個人のPC，モバイル端末，そしてIT家電，兵器システム等々——をつないだネットワークによって提供されている。現代の人工知能，そしてロボットは，このネットワークの端末としてしかありえないのだ。

「ボット」という言葉を聞いたことがおありだろうか。現代英語の "bot" はたんなる "robot" の略だが，日本語で「ボット」というときには，主としてインターネット上を勝手に動き回って仕事をするプログラムに対する呼称として用いられている。これはコンピューター・ネットワーク上にアップロードされたら，あとはネットワークに接続されたたくさんのコンピューターの上にコピーされ，そこで送り手によってあらかじめ仕組まれた命令を，必ずしもコピー先のコンピューターの持ち主によって命じられることなく，勝手に遂行していくプログラムのことである。もちろん，コンピューター・ウイルスのように，有害なもの，破壊的なものもボットの一種といえるが，今日の状況を考えるうえで重要なのは，むしろウイルスに当たらないボットのほうだろう。

ボットは物理的実体のない「ソフトウェア」であり，インターネットが大衆化して以降，たくさんのコンピューターがネットワークでつながったサイバースペースを，半自動で自律的に動き回っている。ここでは，SF に描かれたファンタジーや想像力の世界に，現実のほうが先行している。

人工生態系のなかの
ロボット

古典的な SF の想像力は，ロボットや人工知能のありうべき未来として，人間と同等（かそれ以上）の能力を持つ自律的な主体の到来を予感した。しかしこのボットや，それらが介在するネットワークとしての IoT——internet of things——とは，人間と，心（意志とか意識とか）を持つ人造人間としてのロボットたちが織り成す社会というよりは，意志を持たない自律的な機械としての人工微生物や人工植物たちの織り成す人工生態系としてイメージされる。あるいはそれ自体で一個の生物個体であり，個々

のボットや機械はその大きな生物個体としてのネットワークの器官，組織，細胞のようなものというべきかもしれない。

　みなさんの使っているパソコン，スマートフォンも，今日ではインターネットにほぼ常時つながっているだろう。そして基本システムである OS をはじめとして，そのうえで動くソフトウェアのほとんどは，いまや我々ユーザーがいちいち操作しなくとも，自動的に更新されるようになっている。

　けれども，インターネット普及の初期の頃までのパソコンは，まだ「閉じた」状態，スタンドアローンの状態のほうが基本であり，電話をかけるように，ユーザーがいちいち個別の操作を意図的に行うことを通じてはじめて，外界たるネットにつながるようになっていた。プログラムの更新は，ディスクや電話回線を通じて，ユーザーが必要なときに自分の判断で行っていた。

　しかし今では，ネットに常時接続しているのが当たり前である。そしてネットにつながっているかぎり，こちらが頼みもしないのに，「あなたのパソコンはそのままだと危険だから直しました」などと言ってくる。こうなると1台1台のパソコンは，それ自体では自己完結した機械とはもはやいえない。あえていえば，ネットワーク全体が1個の機械であるような，そんな状況になっている。個々のパソコンは，巨大なネットワークの一部分を構成する「器官」「細胞」のようなものになってしまっている。

　初期のコンピューター・ネットワークが，生物個体同士，というより人間同士の意図的なコミュニケーション関係をモデルとしてイメージされていたとしても，現在のそれは相当に違う。現在のコンピューター・ネットワークのつながり方は，人間同士の会話のようなものというより，動物の身体のなかでの「器官」同士，

もしくは「細胞」同士の情報伝達のようなものになっている。そのようなネットワーク世界のなかでは，ロボットも当然，従来，ネット時代以前のSFで考えられていたようなもの，あるいはネット時代以前に実用化されていたような産業ロボットなどとは，ずいぶん違ったものにならざるをえない。

　では，そのようなネットワークの世界，現代のインターネットの世界で，先に見たソフトウェアのみの「ボット」ではない，固有の物理的なボディを持った，その意味では古典的なロボットはどのようなものになっていくのだろうか？

　ホンダのASIMOや，あるいは一時流行ったソフトバンクのPepperなどのように，近年のロボットは外部のネットワークに常時つながっているのがむしろ常態，デフォルトである。そうであるとするならば，人間や動物のように「それぞれのボディをそれぞれに固有の脳が排他的にコントロールする，自立した個体としてのロボットが存在する」と本当に考えてよいのかどうか，疑わしくなる。

　20世紀中ごろまでのSFに見られたような，ロボットの古典的なイメージは，その極限においては，人間と同等の知性を有する，あるいはそこまでいかなくとも，人間による外からの直接の指令なしに，自立して動き回れる程度の自己制御能力を備えた機械，というものだった。そしてその対極にあるもうひとつのロボットイメージが「人間が遠隔操作する機械」である。今日我々が，すでに無人兵器などにおいて実現しつつあるのは，そのどちらでもない。古典的な遠隔操作機械は，オペレーターたる人間の身体の延長であり，つまりは非常に複雑精妙な「道具」だったが，現代の遠隔操作機械は，たとえ単独の主操縦者がいたとしても，操

縦者と機械の間の接続はインターネットを経由してのものであり，情報の授受，出入力ももはや操縦者との間でのみ行われるのものではない。センサーからの情報は操縦席にのみならずネットワークの別の場所にある情報集積・管制センターにも同時に送られ，そこからのフィードバックをも受けて最終的に作動するのであって，決して操縦者のみの意のままになるわけではない。

このような，グローバルなネットワークの端末としてのロボットと，そして人工環境としてのネットワークとどのようにつきあっていくのか？　今日のロボット・人工知能倫理学の主要課題のひとつは，このようなものである。

> **汎用人工知能から
> 超知能へ？**

このように考えるならば，真に困難な問題は人間と同等の機械が出現したらどうすればよいか，ではなく，人間の能力をさまざまな意味で——それこそ汎用機械として——凌駕する人工知能機械が出現したらどうするのか？　ではないか？　実際，先に見たようなネットワーク社会の現状を見れば，自律的な汎用人工知能機械などというものが実現すれば，それは人間の手には到底負えない代物になることは避けがたいのではないか？　いわゆる「技術的特異点 technological singularity」なるフレーズのもとで論じられているのは，そのような可能性である。

そもそも自律型の汎用人工知能が技術的に実現可能かどうかはわからない。現時点でいえるのは「それは不可能であるとは証明されていない」だけで，「それが可能であるとも証明されてはいない」。

ただし，ここまでの議論をふまえるならば，まだまだ人間が使う専用機械としての性格が強い（特定領域の知識を学習・蓄積する

にすぎない）現代の人工知能でさえ，その機能の中核には学習による自己修正があるのだから，自律型の汎用人工知能であればなおさらである。

ニック・ボストロムは，人間並みの自律型人工知能が実現可能かどうかはわからないが，仮にそのようなものがいったん実現したら，学習と自己修正を通じて加速度的，指数関数的に能力を高め，人間をはるかに凌駕する超知能 superintelligence になるのは避けがたい，と論じる。

つまりボストロムによれば自律型汎用人工知能がはらむ倫理的問題とは，「そのようなものが現れたら人間と同等の地位を与えるかどうか」というような生ぬるい問題ではなく「仮にそのようなものが実現すればまず間違いなく人間の，人類社会全体の能力を凌駕するものとなるが，はたしてそのようなものを実現すべきかどうか。実現するとして，それを人間にとって安全に保つにはどうしたらよいのか」という，きわめて深刻な，人類そのものの存続にかかわる問題である。

さらに現代の倫理学の観点からすれば，問題は単純に「超知能の脅威を前に，人類を生き延びさせるにはどうしたらよいか？」にはならない。なぜなら，道徳的実在論やある種の徳倫理学の立場からすれば，「人間より道徳的優位にあるもの」，より具体的にいえば「人間より道徳的能力の高い存在」あるいは「人間よりも厚い道徳的配慮を受けて然るべき存在」というものが存在していても――それが超知能であっても別におかしくはないからだ（このような考え方が，ディープ・エコロジーと同様，ある意味で近代ヒューマニズム以前の有神論，宗教的教理に構造的に似通ってしまっていることは言うまでもない）。

 読書案内 ●●●

　統計的機械学習については大雑把な解説は稲葉振一郎『社会学入門・中級編』、『AI 時代の労働の哲学』（講談社，2019 年）の記述をパラフレーズした。人工知能自体の入門書としては川添愛『働きたくないイタチと言葉がわかるロボット──人工知能から考える「人と言葉」』（朝日出版社，2017 年）がよい。

　ネット上のフリーの資料としては，機械学習については渡辺澄夫のウェブサイトの講義資料（http://watanabe-www.math.dis.titech.ac.jp/users/swatanab/index-j.html）が，人工知能の倫理問題については，中川裕志のスライド（https://www.slideshare.net/hirsoshnakagawa3）がよい。

　哲学サイドからのロボット倫理学についてはウェンデル・ウォラック＆コリン・アレン『ロボットに倫理を教える──モラル・マシーン』（名古屋大学出版会，2019 年），久木田水生・神崎宣次・佐々木拓『ロボットからの倫理学入門』（名古屋大学出版会，2017 年），稲葉振一郎『銀河帝国は必要か？──ロボットと人類の未来』（ちくまプリマー新書，2019 年），法学サイドからのウゴ・パガロ『ロボット法』（勁草書房，2018 年）も示唆的である。本書の校正中にはマーク・クーケルバーグ『AI の倫理学』（丸善出版，2020 年）も刊行された。

　人格を備えたロボットの問題については稲葉振一郎『「資本」論──取引する身体／取引される身体』（ちくま新書，2005 年）よりパラフレーズしつつ再録した。

　超知能の問題については，ニック・ボストロム『スーパーインテリジェンス──超絶 AI と人類の命運』（日本経済新聞出版社，2017 年）は難しいので，マックス・テグマーク『LIFE3.0──人工知能時代に人間であるということ』（紀伊國屋書店，2019 年）から読むのを薦める。なお，未邦訳だがボストロムとエリジア・ユドコウスキーによる下記の論文は，AI 倫理学の現時点での基本問題を簡明にまとめている。

Bostrom, Nick, and Yudkowsky, Eliezer. "The Ethics of Artificial Intelligence." *Cambridge Handbook of Artificial Intelligence*, edited by Keith Frankish and William M. Ramsey, 2015: 315–334. Cambridge University Press.

人間とはどのようなものか？

1 価値の実在性について

価値の客観性

この講義では規範倫理学的には，徳倫理学の台頭を意識しつつも大枠のところでリベラリズムの枠を踏み外すわけにはいかない，との立場をほのめかしてきた一方で，メタ倫理学的にはどちらかといえば実在論，道徳的価値を含めた価値の客観性というものがある，という立場

234

にコミットしてきた。

　講義では詳しく触れることができなかったが，実在論的論調のなかにはもちろん，実証的な生物学，認知科学の動向をふまえたものもあり，進化生物学的な観点から，ヒトという動物にあらかじめ埋め込まれた社会性を重視する議論や，あるいは現実の人々の日常的な道徳的判断のメカニズムを，社会心理学的な実験を通じて解明しようというアプローチも隆盛している。

価値の客観性の難しさ　だがもちろん「価値は客観的に実在する」といってしまうことは，いずれにせよいろいろとやっかいな含意を持つ。それはたとえばこういうことだ。

　まずは倫理学ではなく美学の例から見ていこう。人類がすべて滅びてしまって，それどころか美的感覚を持つほかの生き物もいなくなってしまった地球で，空を見上げるものはいない，いたところでそいつは視覚は備えていても美的感受性を持たないとしよう。そのときもなお，太陽光は今と変わらず，地球の大気の組成も，空の見え方が変わるほどには変わっていないとしよう。するとそこには，今と基本的に同じような青い空があるはずだ。さて，それを誰も——何も見上げない，少なくとも美的感覚を持っては見上げないとき，相変わらず空は美しいだろうか？　——価値の客観的実在性を認めるならば「そこでも空は相変わらず美しい」といわねばならない。

　それだけではない。そこにもはや人類はいない，それどころか生命倫理学的な意味での「パーソン」要件を満たすものさえいないとしよう。いや功利主義的に「快苦を感じ，死を恐れる主体がいない」，としてもよい。我々が価値の実在性にコミットするな

らば，そこでもなお「人，ないしパーソン，ないし快苦を感じ，死を恐れる主体を殺すことは悪いことである」というべきなのである。

　これはどういうことだろうか？　反実在論的に考えれば，人間その他の主体がいなければ「青い空は美しい」も「人ないし類似の存在を殺すことは悪いことだ」も真でもなければ偽でもない。こちらのほうがたとえば「バートランド・ラッセルの有名な文例『現在のフランス王は禿^{はげ}である』は，現在はフランス王がそもそも存在しないのだから真でも偽でもない」という議論とよく似ていて理にかなっている，と直感する人も少なくはないだろう。

反事実条件法の思考　ここで，実在論で突っ切ろうとするならば，どうしたらよいだろうか？　ひとつの戦略は条件法を使うことだ。すなわち「青い空は美しい」を言い換えると「青い空は，もしそこに視覚的な美的感受性を持つ主体がいてそれを見上げるならば『美しい』と感じるような状態にある」となる，というふうに解釈するのだ。そうすれば，現実にはそのような主体がいない状況下でも，その状況に対してそのような主体を付け加えるという最低限の変更を加えたすべての可能世界で，その主体が「青い空は美しい」と感じるといえるのであれば，やはりその状況下でも「青い空は美しい」は真だといえる。

　同様に，人や人と同等の道徳的地位を割り当てられた存在がまったく存在しない世界においても，その状況に対してそのような存在を，そのような主体を付け加えるという最低限の変更を加えたすべての可能世界で「人ないしパーソン，ないし快苦を感じ，死を恐れる主体を殺すことは悪いことである」ということが真であるとすれば，その無人の世界においてもやはり「人ないしパー

ソン，ないし快苦を感じ，死を恐れる主体を殺すことは悪いことである」ということが真であるといえる，となる。

　このような反実仮想，反事実条件法を用いた議論の仕方はいかにもトリッキーに見えるかもしれない。しかしながら実際には我々がものの性質や世界の法則性について，因果関係について考え語るときにはこのような論法は不可欠である。たとえば「水は一気圧のもとでは摂氏百度で沸騰する」という命題の真偽を考えてみればよい。もう少しわかりやすくかつ正確にいうと，水一般についての命題ではなく「このコップに入れた水は摂氏百度に熱したら沸騰する」という言明を考えてみよう。すでに確立された科学知識を前提とすれば，我々はこの命題につき，実際にこのコップの水を摂氏百度に熱することなしにあっさりと「真である」といえるはずだ。

　それでも「見上げる者がいないところでの青い空の美しさ」と「殺されうる者がいないところでの殺害の悪さ」とは有意味に異なる，という反論はありうるだろう。なんとなれば，見上げる者がいないところでも青い空は存在しうるのに対して，殺害という行為は，殺されうる者が存在していなければ実現しえないからであり，実現されないのであればそれは出来事としては存在しえず，行為の類型としてのみ，つまりは具体的な有体物（というより出来事）ではなく概念的，抽象的な何かとしてのみどうにか存在しうるといえるかもしれない程度のことだからである。「見上げる者がいないところでの青い空の美しさ」をアクチュアルにするための「最低限の変更」と，「殺されうる者がいないところでの殺害の悪さ」に対してのそれとの間には，無視しがたい差異がある，というわけだ。

ただここでも，トリッキーではあるが徳倫理学的な想定に立って，殺傷することができる相手がまったくいない状況にたった一人放り出された個人について，その個人が「もしここに殺傷することができる相手がいれば殺傷したい」という欲望を抱いた場合に，その欲望の道徳的評価について考えることができよう。そして実在論的立場をとるならば，そうした欲望は悪い，と言いうるのではないだろうか。

道徳的実在論の帰結

しかしながら，もし以上の議論が成り立つのだとしたら，そこからさまざまな，意外な帰結が導かれる。その少なからずはむしろ喜ばしく，あるいはホッとさせるものかもしれないが，またひたすら困惑させるものでもある。

　たとえすでに触れたように，実在論に立つならば，人間よりも道徳的上位にある存在，とでもいうべきものの理論的可能性が肯定される。あるいは「パーソン論」の実践的含意についても，いささか恐るべき帰結が出てくるだろう。道徳的実在論が正しければ，何がパーソンで何がパーソンではないかについての客観的な区別というものも原理的には可能であり，そうした区別によって人間（並みのもの）とそうではないものを区分けすることも正当化される。しかしながらそうした区別はあくまでも客観的なものであり，人間たち（既得権益によって「パーソン」資格を認められた者たち）が勝手に取り決めた規約ではない。ゆえにそこには間違いが生じうる。そしてそうした誤りは，たとえ悪意によるものではなく，過失であろうとも，責任を問われるべき道徳的罪，「人道に対する罪」となるだろう。実際，動物解放論者たちによれば，我々はいま現にそうした罪を重ね続けているわけだが。

すでに薬物中毒者のたとえにおいても暗示したが，道徳的価値にかぎらず，私的な価値を含めた価値一般の客観性を認めるならば，その峻厳（しゅんげん）さにたじろぐ人も少なくはなかろう。たとえ極私的なものであっても，それが価値と呼びうるものであるならば，それが満たされるかどうかは本人の心持ち次第でどうにでもなる，というわけではない。別にコンテストに出たりして人に褒められたいわけではなくとも，けん玉が上手になりたければ，実際に上手になるしかない。自分で勝手に「上手」の基準を動かしてみたところで，なんの意味もない。

道徳的実在論における「善」とは？

また少し別の論点を提出してみよう。実在論に従うならば，誰も見ていないところでなされ，誰にも知られないままで終わる善行，といったものがまったく問題なく存在しうることは明らかである。存在しているか，していないか，ということと，それが他人によって知られ公的に語り継がれるかどうか，とは基本的にまったく別個の問題であることは，実在論に立つならばまったく明らかだ。

ただ，実在論に立つならば，もう少しデリケートな帰結までもが出てくる。ことは「善行」とはいったい何を意味するのか，にかかわる。認識されなくとも事実として他人に，あるいは公共社会に貢献する行いが善行であることには疑いを容（い）れない。そうではなく，これはもう少しデリケートな問題だ。

「最大多数の最大幸福」を認める総量主義的功利主義の場合が最もわかりやすいが，ある種の徳倫理学をも含めて，まったく孤立した個人が，外の世界と完全に断絶したところで，誰にも知られずに，客観的にも外界にまったく影響を与えずに生きたとしよ

う。その孤立者（ルソー的自然人？）が幸福な生を送ったとしたら，そのこと自体はその当人にとっての私的な善であるのみならず，（たとえそのことは公的には誰にも知られることがなくとも）道徳的な意味でも，公的にも善なのだ。これは直観に反する，とまではいかなくとも，呑み込むのにやや抵抗を要する議論ではなかろうか。

　徳倫理学的には，さらにここから話を進めることができる。こうした孤立人が大変な善人であったとしよう。そしてもし外界に出て，他人と積極的にかかわって生きていれば，多くの善行をなしえたとしよう。にもかかわらずその人が静謐な孤独のうちに生を終えたなら？　もちろんここでありえたいくつかの可能性を比較考量し「こちらのほうがよかったのに」と論じる，あるいは嘆息することにも意味はあるだろう。しかしながらそれは別として，現実にほとんど（具体的な善行として）効果を表さなかった善良さというものに，我々は価値を認めるか？　これは先に触れた「殺傷できる相手が不在の快楽殺人者の悪」と似通った問題であり，古典的な「歌わぬ詩人」問題でもある。

　このようなレベルでの，つまり孤立者の道徳的価値というものを素直に承認せざるをえない，というのが道徳的実在論からの自然な帰結であるが，それは我々の——というより，私たち一人ひとりの人生に対して，どのような意味を持ちうるであろうか？「どのようなささやかな振る舞いであっても，いや現に生きているというその一事自体が，何がしかの道徳的価値を持つのだ」といわれたとき，あなたなら，どこか救われたように感じるか，あるいはむしろ，なんとも重苦しい抑圧を感じるだろうか？

2 生きる意味と「大きな物語」

人の生きる意味 ＞ いったい何の話をしているのか？　とい
ぶかしむ方もおられるだろう。何が言い
たいのかといえば，つまりはここで，私は「生きる意味」「人生
の意味」とでもいうものについて話をしているのだ。価値に関す
る実在論をとるということは，人の生きる意味というものが客観
的な事実としてあるのだ，というに等しい。ただそれが，はたし
てどのような種類の，それこそどのような意味における「意味」
なのか？　これは自明ではない。

　かつて，この問題は「大きな物語」という言葉づかいで語られ
た。私たちは結局，近代倫理学の話をしてきたわけだが，近代人
の心をとらえた歴史観というものがあり，それは少なからぬ人々
に，歴史のなかでの自分の人生の意味を与えてくれるものに見え
た。いわゆる進歩史観というやつである。啓蒙史観といってもか
まわないだろう。人類の歴史は，より多くの知識，それによって
可能となるより大きな自然制御力，より豊かな暮らしに向けての
たゆまぬ向上，成長の歴史だ，という歴史観。そのなかで個人の
生は，この進歩，成長の過程への貢献として意義づけられる，と
いう考え方である。

　このような発想は，その起源をさかのぼれば，けっこうややこ
しい。たとえばキリスト教にはユダヤ教から引き継いだメシア信
仰とか終末論があるわけだが，キリスト教ではすでにイエスとい
うメシアが到来したので，終末はもうじき来るはずである。とこ

ろが体制化して社会秩序を支える側に回ったキリスト教は，いつまでも到来しない終末の問題を棚上げする理屈をこねる必要があり，それがある種の歴史に関するドグマを——人間の歴史を終末（における救済）の準備，前段階と位置づける発想を生んだ。近代の進歩史観はその世俗化といえる。

　本来の意味での終末，そこでそれまでの人の営みが決算され最終的に意味づけられる歴史の終点も，またそこで待ち構える神もいなくなる代わりに，歴史は無限に延長され，そのなかで人類の栄光は無限に続く，というふうに書き換えられる。だいたい18世紀の啓蒙思想のなかで育まれ，フランス革命，産業革命の時代に確立した（わかりやすいベンチマークとしてコンドルセ『人間精神進歩史』からカント「啓蒙とはなにか」「世界市民という視点から見た普遍史の理念」），このような世俗化された終末＝救済論としての進歩史観は，同時にわかりやすい形である種の規範倫理学，人に対して具体的な生き方指南を提供するものと受け止められてきた。とりわけマルクス主義のもとでは，すでに見たとおり，これは個人レベルでの心構えや人生論を超え，人々を党という教会において結びつけ，そこを拠点としての全世界の変革へと駆り立てる新たな世俗宗教となった。

　「大きな物語」と
　イデオロギーの終焉？

『ポスト・モダンの条件』でジャン＝フランソワ・リオタールはこうした歴史観を「大きな物語」と呼び，近代社会のあらゆる領域における営み——経済活動も学術研究も政治も含めての——を意味づける，とりわけ正当化する役割を果たしてきた，とする。リオタールにいわせればいわゆる「ポストモダン（脱近代）」とは，このような「大きな物語」の正当化機能の失調を意

味する。リオタール的な観点からすれば，カント主義・功利主義を含めた自由主義における徳の希薄化，そして20世紀前半におけるメタ倫理学の興隆と裏腹の古典的規範倫理学の衰退といった，近代における世俗化と価値相対主義も，実はこうした「大きな物語」による裏打ちがあってはじめて安定して存立しえたのである。しかしながらリオタールによれば20世紀後半，脱工業化（ポスト工業化）時代に入ると，こうした「大きな物語」が失効していき，各領域のさまざまな実践を正当化するロジックが目立って弱体化するのだ，という。

　ただし1979年という時点で発表されたこの見立ては，いまから振り返ってみれば過渡的なものだったといえよう。その文脈は一面では「ポスト工業化」とも重ね合わされていた，つまりは当時の現代社会論の支配的パラダイムだった産業社会論・近代化論の枠組みに引きずられていた。いまだ東西対立，冷戦真っただ中のこの時代，この近代化論の枠内では当時は「収斂理論」が影響力を持っており，マルクス主義 vs. 反マルクス主義，社会主義vs. 自由主義といったイデオロギー対立の失効，「イデオロギーの終焉」が展望されていたという点ではこの「大きな物語」の凋落・失効というリオタールの見立てを裏づけているが，ただこの時代における「イデオロギーの終焉」は，いまだそれ自体が「『イデオロギーの終焉』という大きな物語」という趣があった。

　「大きな物語の終わり」が強く唱えられ深く人々に印象づけられたのは，むしろそれから10年ほどを経て，まさに冷戦の終焉に立ち会って書かれたフランシス・フクヤマの『歴史の終わり』においてであろう。ヘーゲルの歴史哲学，アレクサンドル・コジェーヴによるその読解をふまえてフクヤマは「リベラル・デモク

ラシーと自由な市場経済の組み合わせが唯一正統な社会編成原理であることがもはや明らかとなった今，歴史という物語は完結したのだ，啓蒙というプロジェクトは勝利し，人類が歴史を通じて試行錯誤してきた問いには答えが出たのだ」と臆面もなく主張した。冷戦の終焉は，かつての近代化論における「イデオロギーの終焉」論とは異なり，マルクス主義 vs. 反マルクス主義，社会主義 vs. 自由主義というイデオロギー対立には意味があり，それに最終的な解答が出た，ということを意味するように見える。その点では，フクヤマの議論は近代化論とは真逆のもののようにも見える。

　しかしながらより細かく見ていけば，フクヤマの議論は「近代化論が冷戦時代に『冷戦は致命的な対立ではなく，実はすでに歴史は終わりつつある』と主張したのは時期尚早だったが，冷戦終了とともについにその展望は実現した」といったところである。勝利して敵を失った自由主義は，思想としてはその使命を終える。その後はいかなる思想も——少なくともかつてのマルクス主義や，それと対峙した自由主義，さらに伝統的な宗教まで含めて——歴史を動かす「大きな物語」としてはもはや機能しない。コジェーヴにいわせればそこで人々は，もはや価値を追求するのではなく，ただ欲望を満たそうとするだけの「動物」となる，と。

「歴史の終わり」の果て

（「動物化することの何がいけないのか？」という問いの重要さはさておき）このような「歴史の終わり」の見立てが素朴にすぎたことは，ほかならぬ現在のフクヤマ自身も認めているところである。冷戦の終焉によってナショナリズムには新たな火が投じられ，局地的な武力紛争はむしろ活発化した，とさえいえる。自由

主義による宗教の私生活化，社会全般の世俗化に対しても反動が巻き起こり，新たな宗教的情熱の激化がそこかしこで見られ，ナショナリズムの再燃と重畳して排外主義が活性化している。フクヤマが展望したとおり，貿易も人の行き来も増え，国家間の政策協調も強化され，グローバルな人類社会の結びつきは現実のレベルでより強くなったが，人々の思考や感性はそれに素直に適応するばかりではなく，かえって反発を強めて，超俗的な宗教やローカルなコミュニティへの回帰志向が目立っている。

　だからといって「ここでのフクヤマの見立ては全面的に誤っていた」ともどうしても言いがたいところがある。「勝利して敵を失った自由主義は，思想としてはその使命を終える」という予想はたしかに，かつての「イデオロギーの終焉」論と同様の早とちりだったかもしれない。しかしながら「その後はいかなる思想も──少なくともかつてのマルクス主義や，それと対峙した自由主義，さらに伝統的な宗教まで含めて──歴史を動かす『大きな物語』としてはもはや機能しない」のほうは必ずしも外れてはいないのではないだろうか？　現状の混乱は，人々の「物語」への需要は決してなくなっていないにもかかわらず，その需要を満たすもの（それが「物語」でなければならないかどうかはともかく）が足りていない，ということではあるまいか？

3 他　者

倫理学による応答

このような状況と現代の倫理学・政治哲学はもちろん無縁ではいられない。見よ

うによっては，この講義での我々の現代倫理学の現状の位置づけ自体，このようなポストモダン状況に抗して，そのなかであらためて人の正しい生き方や望ましい社会のあり方について積極的に考え論じる作法の確立の試みである，としても間違いではない。

　ただしそこでの処し方には，それなりの特徴がある。大勢としては，現代の倫理学は決して「大きな物語」を再建しようだとか，新たな「大きな物語」を提示しようとはしておらず，新たな宗教を立てようとは（少なくとも積極的には）していない。ロールズ以降復興した規範倫理学の重点も，どちらかというと公共的な制度・政策構想のほうにあり，人の生き方についての議論に関しては禁欲してきた，といえる。

　もちろんこうした公共的な制度・政策構想それ自体がある種の「大きな物語」，全人類的なプロジェクトと解釈される余地がないではない。ピーター・シンガー以降の動物解放論にしても，本気で受け取るならば人々に新たな霊的覚醒を促す，大変なプロジェクトである。だが今日のアカデミックな哲学的倫理学者は，このようなプロジェクトに人々を動員することについては，きわめて禁欲的である。ロールズ的な制度構想の眼目も，そこで人々が己の（ひょっとしたら物語的かもしれないが，そうではない「動物的」なものかもしれない）生をそれぞれに生きるための「器」の構築であって，それらをより大きな「物語」的なプロジェクトへと動員することではない。

　現代の倫理学者が，私生活まで含めての具体的な人の生き方，あるべき生き方を論じることについてまったく禁欲してきたというわけでもない。ただ，それは非常に微妙な屈折をともなっていた。すなわち，まさに冷戦の終焉以降の時代，少なからぬ哲学者

たちは「あなたはどう生きるべきか」ではなく「あなたは目の前の他者にどう対するべきか」を熱心に論じるようになったのである。象徴的な名前を挙げるならば，エマニュエル・レヴィナスである。戦前にそのキャリアを開始し，大戦中に多くの係累を収容所で失ったこのユダヤ人哲学者は，息長い思索を重ねながら長らく無名だった。ところが冷戦末期の頃から，どういうわけか，彼の仕事は世界的な注目を浴びるようになる。

レヴィナスのいう
他者とは何か？

「自分の生き方」について考えるより先にまず「他者の生き方」をどう尊重するかを考えよ，というこの風潮が何を意味するのか？　をまじめに考えるとこれは相当の難問である。冷笑的な言い方をすれば，これ自体一種の「思想的ファッション」として消費されたのだ，「他者ブーム」というものがあったのだ，とだっていえる。ただ，まじめにシーズンごとのお洒落に意を砕いている人ならば，「ファッション」をそれがファッションだから，というだけの理由で馬鹿にはしないだろう。

　レヴィナスの主著は『全体性と無限』であるが，このタイトルから強引に展開するならば，他者は「無限」の側である。他人はこちらの事情におかまいなく向こうからやってきて，こちらにやっかい事を引き起こすこともあれば，思いもかけぬ幸運を運んでくれることもある。そうした他者の「無限」とあえて区別されるものとしての「全体性」とはすでに確立した仲間内の共同体，既得権益の集合体の側である。

　レヴィナスが言いたいことはつまるところ，倫理の基本は「無限」としての他者との関係であって，「全体性」としての仲間内の論理ではない，ということだ。そして何よりこれは実在論であ

る。他者はこちらの主観的な事情におかまいなく客観的に実在し，そうである以上，他者との関係というものも，客観的に実在する何事かである。そしておそらくはレヴィナス的立場からすれば「大きな物語」とはどこまで行っても「全体性」にすぎない。しかしながら「無限」は現にそこにあり，それで十分だ，ということなのだ。

　キリスト教のいう「隣人」はこの意味での他者と仲間のどちらでもありうる両義性を持つ。その間を取り持ってくれるのが神でありキリストであるが，レヴィナスはユダヤ人であるし，ここで問題となっているのはキリスト教でもユダヤ教でもなく，そういう境界を超えた倫理である。

　　　　　　　　　　　　　では，世俗化した近代倫理学のほうに河
　他者か，パーソンか　　　岸を移して考えるならば，カント＝ロー
ルズのラインはどうだろうか？　これもまた多義的である。ロールズの「原初状態」で推論し決断する主体は，まったく他者を持たない単独者のようにも見えるし，しかしその単独性は「無知のヴェール」をかぶることであらゆる他人との間の「想像上の立場の交換」を可能にするもののようにも見える。だが大勢としてはロールズ的な倫理学は，具体的な他者について考えることを避けて，すべての人を公平に遇する制度のほうに関心を向けるものだといえよう。近代の倫理学としては，繰り返すが，むしろこちらのほうが主流なのである。

　もちろんレヴィナスの議論を，これまでの論脈に引きつけて再解釈することも不可能ではない。たとえばそれを実在論的な「パーソン論」の一種，ただしきわめて特異なパーソン論，と考えるのだ。

パーソンとパーソンならざるものの区別が客観的な事実として成り立っているとして，その区別に際して現実の人間は誤りやすく，どうしてもミスを犯してしまう，とする。ここで統計的な意味での「第一種の過誤」と「第二種の過誤」の区別のアナロジーを適用することができよう。すなわち，相手が本当はパーソンであるのに，パーソンではないとしてしまう過誤が前者であり，反対に，相手が本当はパーソンではないのに，パーソンだとしてしまう過誤が後者である。

　このような場合レヴィナス的な倫理とは，パーソン判定の基準を厳しく取りすぎて第一種の過誤を犯すよりは，むしろその基準を甘めにとって第二種の過誤を犯すことを選ぶような態度としても解釈できそうに思われる。ただ，それで尽くされるわけではない。そのような行動準則を採用することは，ロールズ的な「マクシミン」の発想とも相通ずるものである。しかしながらレヴィナスの場合にはそのような態度を，行動の一般準則，意思決定原理というよりは，あくまでも具体的な他者に対応するときの態度として考えていることには注意しておく必要があるだろう。

　こうして見たとき，レヴィナスへの注目は，倫理学における生々しい具体性の浮上を意味している，ともいえる。それは制度・政策中心の近代倫理学へのカウンターをなしている，とも。しかしながら見方を変えれば，そこでもなお相変わらず，あえて避けられているように見える主題系があることは言うまでもない。公共的制度でもなく，他者への相対し方でもない，すなわち，自分の，当事者としての生き方の問題が。

　20世紀後半の倫理学の展開において，徐々にではあれ価値の実在論の説得力がせり上がりつつある。他方でレヴィナスのブー

ムに見られるように，外側からやってくる現実としての他者という問題系が浮上してきた。そのなかで，もはや「主観性」のなかに閉じこもることを許されなくなった人の生き方の問題が，徐々に論じられるようになってきている。

4 他者・パーソン・崇高

パーソン論とレヴィナス的な構えとの関係については，以下のようにも考えることができる。

> 道徳的地位の意味

カント主義がまさにその典型，範例であるわけだが，近代の世俗化された（脱宗教化された）倫理学においては，世界は人間と人間以外のものとに二分割され，人間だけが道徳的地位を備えたものとされた。逆にいえば「道徳的地位を備えたもの ^{イコール}＝ 人間」と考えて大過なかった。要するに両者の間に成立する等式は非自明なもの，解明や理由づけを要する方程式ではなく，定義的に自明な恒等式とされていた。

近代以降の倫理学においてはこの等式が崩れている，といえよう。たとえばいわゆるパーソン論は，例の恒等式を「道徳的地位を備えたもの＝人間」から「道徳的地位を備えたもの＝パーソン」へと書き換えて，人間以外のパーソン，あるいはパーソンではない人間について考えることを可能にしようとした。

これに対して現代的な徳倫理学の一部には，道徳的地位を近代のそれにおけるような形式的な権利／義務セットではなく，より具体的／実体的な能力・指向（つまりは「徳」）のセットとして捉

え，そのような徳を備えた存在として人間以外のもの，たとえば動物や団体や機械を認める。近代の標準的な，カント的な道徳的地位とは「人権」のようなものであるのに対して，徳倫理学的なそれは「身分」に相当する（「人権」はある種の身分として，つまりメンバー全員が同じ「人権」を備えた近代市民社会は単一身分社会として理解できる）。

　ところで道徳的実在論は，道徳的地位を恣意的な構築物ではなく客観的な実在と見なす。つまりそれが直接的には人為の所産だとしても，主観を超えた客観的に一定の原理に裏づけられたものと考える。それに対して道徳的反実在論は，道徳的地位を客観的な実在ではなく，あくまでも人為的な，しかも多分に恣意的，主観的な構築物と考える。ただし，問題はそれを構築する主体としての人間の客観的実在は，つまり人間と人間ならざるものの区別の客観性のほうは，疑われないことが多い，ということだ。しかしそのようなタイプの反実在論は，実は根底のところでは一種の実在論ではないか？　という疑いがありうる。これに対してもちろん理論的には，「道徳的地位を備えたもの＝人間」の恒等式を真に受けて「道徳を構築するのは人間であるが，人間の定義を与えるのも道徳である」として，悪循環におちいる立場もありうる。こうした立場を道徳における根源的規約主義，とでも呼ぶことができそうだ。

道徳の内在的価値

　道徳的実在論のほうに話を戻そう。道徳的実在論の立場をとると，人間とその振る舞い，さらにはその制作物の性質の一部は価値と呼びうるものとなる。そしてこの価値は大雑把にいえば手段的な価値と内在的な価値とに分かれる。功利主義を含めた厚生主義の場合は非常に

わかりやすく，内在的価値とは人間をはじめとする感覚的な生き物の快楽，幸福であり，手段的な価値とはそうした快楽，幸福の実現に寄与する機能のことである。カント主義の場合にも実は功利主義から極端に離れているわけではない。道徳的地位の担い手たる人間の存在それ自体が内在的価値の典型である。

　環境倫理学，動物倫理学，AI倫理学においては，人間以外のものがこのような内在的価値，道徳的地位の担い手となる可能性が真摯に考察されている。もちろんここで徹頭徹尾人間中心主義の考え方をとることも可能であり，それでも環境倫理学における世代間正義の問題のように，従来の思考に対する根本的な反省を迫られることもありうるが，やはり人間以外のものの道徳的地位の可能性について真摯に考えることの意義は軽視できない。

　ただここでの戦略が基本的に「パーソン論」的なものであるならば，それはある種の人間中心主義というそしりを免れないかもしれない。すなわち，それは道徳的な地位を認められるべき動物やAI機械を，人間のようなもの，人間と同じ，あるいは似たような性質を持つものとしてのみ捉えるというアプローチであり，そのかぎりではそれらに認められる「内在的価値」とは，十分に（人間にとって）外在的であるとはいえないのではないか？　という疑問である。つまりそこで動物やAIに対して認められる価値は，人間にとっての有用性，利用価値ではなくとも，（感覚的主観性などの）人間にとって理解可能な価値である。

| 超越的価値という論点 |

しかしながら，たとえば環境倫理学においては，個々の生物ではない生態系であるとか，あるいは生命が存在しないであろう，ほかの天体をも含めた非生物的自然物・現象についてもその内在的価値を認めるべ

きではないかという議論がある。あるいは AI 倫理学の場合にも，ボストロムの超知能論においては，人間の理解を拒絶するような知性・能力を自律型 AI 機械が獲得する可能性が論じられている。もちろんスタニスワフ・レムの SF に描かれてきたような，人間の理解を絶する地球外知的生命体（およびそこに由来する AI）の存在可能性も，原理的には否定できないだろう。

このような，人間にとって疎遠な内在的価値を暫定的に「超越的価値」と呼ぶとしよう。生態系や非生物的自然の内在的価値とは，基本的にこのようなものではないのか？　それどころかむしろ動物倫理の領域においても，このような反省を行うべきではないのか？　すなわち「動物の権利・福祉」といった思考法は，所詮は擬人法にすぎず，悪しき意味での人間中心主義にすぎないのではないか？　人間社会のなかでも我々は，自文化中心主義を批判してきたはずである。擬人法的思考は本当の意味で動物（やAIやエイリアン）の尊厳を尊重しているとはいえないのではないか？　——こうした疑問にはどう答えればよいのだろうか。

美学においては，人間の美的経験において，それまでは鑑賞者にとって理解不能で苦痛であったものが，鑑賞者の感性や価値観の変容によって理解可能となり，快楽を引き出せるようになる，といったプロセスがごく正常なものとして捉えられるし，むしろ美的経験としては，既存の価値観・感性に対して快く作用するもの以上に，価値観・感性そのものを揺るがし変容させるようなもののほうが，それこそ美的価値が高い，とされる。そしてこうした美的経験が社会のなかで行われるならば，それは同時にしばしば道徳的な意味をも持つだろう。

ひとつの，やや論点ずらしでずるいと思われるかもしれない逃

げ方は，まさに上の議論をふまえる形で「そのような超越的価値の問題は，倫理学というよりは美学の領分である」とすることである。こうした変容の意味自体の探究は，どちらかといえば倫理学よりも美学のほうに一日の長があるのではなかろうか，と。自然物の価値の問題であれば，環境倫理学というより環境美学の課題である，という位置づけ方だ。倫理学は価値論全般を扱う必要は必ずしもない。

「人間」概念の
再検討？

ただ「人間中心主義」というのも実は多義的である。そもそもパーソン論の発想は，パーソン概念の適用範囲を人間以外にも広げることによって，近代の人間中心主義的倫理学の核心（「道徳的地位を備えたもの＝人間」の恒等式）を（「人間」を「パーソン」に置き換えることによって）むしろ温存しようというスタンスであるともいえる。それでは，このようなパーソン論にさえ（パーソン論にこそ？）残る人間中心主義を徹底的に拒絶する倫理学を打ち立てよう！ ──と我々はいうべきなのだろうか？

　繰り返しになるが，パーソン論に不吉なところがあるとしたら，それが選別の思想，人間と人間ではないもの，道徳的に尊重されるべきものとその必要がないものに世界を二分するところ，そのことによって，本来であれば尊重すべきものの尊厳を見落とし，蹂躙してしまうおそれ，であろう。ここで我々は，問題は区別を行うことそれ自体ではなく，区別の誤りの危険にあるのだ，ということもできるだろう。区別の誤りの危険を避けるために，およそ区別を行うことそれ自体を完全に拒絶する，という選択はありえない（厳格なヴィーガンももちろん，動物と植物や菌類などとの道徳的区別は容認する。そうしなければ安んじて食べられるものがなくなっ

てしまう）。だとしたら，なすべきことは区別それ自体の拒絶ではなく，誤りを減らすこと，また誤りにともなう損害をも減らすこと，ということにならざるをえない。

　しかしながら「パーソン」概念によって，あるいはそもそも伝統的な「人間」概念によって我々がこれまで行ってきた区別がどのようなものなのか，については一応の反省をしておく必要がある。本書のはじめにも述べたように，我々にとって「人間」の概念は実は先験的，超越論的なものであって，我々はその内実を正確には知らない。「人間の定義」を明晰判明に行ったうえで，具体的に現実世界で出会ったあれこれについて「これは人間の仲間に入れてよい，これはダメ」というふうに判別しているわけではない。もちろんそのような判別が可能なケースもあるだろうが，そうではなく，いろいろ悩んだ末に「これは人間といわざるをえない」と判断を下したことによって「人間」概念自体が更新されるという可能性もまたあるのだ。「パーソン」概念を通常科学におけるような明晰判明な定義が可能なものと捉えるか，あるいはこのような超越論的な概念と考えるかによって，それによってなされる区別のはらむ危険，暴力への対応もまた異なってこざるをえない。

　結論的にいえば，やはり倫理学においては，ある種の人間中心主義はどうしても避けがたいのではないか？　と我々は考える。第6回の「デイヴィドソン＝ヒース的道徳的実在論」において触れたが，もう少し深くデイヴィドソンの議論をふまえるならば，「寛容の原理」をめぐる議論などでもよく知られるとおり我々は，少なくともそれに対して道徳的地位を認めるかどうかが問題となるような対象に対しては「それは我々の理解を絶するかもしれな

い」などという懐疑を行いえないはずなのである。生き物，自律的機械などの行為主体を理解するということは，それに対してなんらかの意味での「合理性」を想定することにほかならない。それを「擬人化」というのであれば，我々は「擬人化」せずしてコミュニケーションはできず，社会生活を行うことはできないのだ。異質な他者の異質性とは，あくまで「異質な合理性」としてしか理解できない。以下，少し長くなるが瞥見しておこう。

再説デイヴィドソン＝
ヒース的道徳的実在論

デイヴィドソンの哲学体系は一見，行為論，その延長線上での「非法則的一元論」としての心の哲学と，アルフレト・タルスキの真理論を基礎とした，真理条件意味論を主軸とした全体論的言語哲学の二側面からなるものとして我々の目に映る。しかしこの両系列は1980年代以降，デイヴィドソンが「統一理論」「合理性の科学」と呼ぶより大規模な構想のなかに回収され，統合されるべきものであることがだんだんと明らかになってくる。

　第6回ですでに見たように，デイヴィドソンの意味論は全体論的だが，それは実は「語については全体論，文については原子論」というようなものではなく，もっと大風呂敷を広げる。つまり，世界に対応して何者か，何事かを表現しているのは，厳密にいえば一個一個の文ではなく，そのような文全体の集積，ネットワークとしての言語——口にされ，また文字にされたさまざまな文，言語表現の全体——である，というものだ。

　しかもデイヴィドソンの全体論構想は，言語的意味論にとどまらない。彼は言語レベルにおいてのみならず，信念や知識もまた全体論的な構造を持つ，と論じる。もちろん，デイヴィドソンが属する分析哲学の伝統においては，信念や知識は命題的態度，す

なわち言語的な構造に従う何事かである以上，それらもまた全体論的なものであることは自明であるように見える。実際，意味の全体論における先達，ウィラード・V. O. クワインもまた彼の全体論的哲学を狭義の言語にとどめているわけではない。しかしデイヴィドソンは，ただたんに現実世界，知識・信念の世界，そして言語の世界の間に，並行した対応関係を想定しているわけではない。彼が「全体論」というときには，ただたんに言語的意味が全体論的であり，知識や信念もまた全体論的である，といっているのではない。言語的意味と知識・信念といった心的現象をひっくるめた総体が，相互依存的な全体をなしている，と彼は考えている。

寛容の原理 ただたんに知識・信念も言語的意味もそれぞれに全体論的である，というだけでは，この2つの世界，2つの水準の間に単純な対応関係があり，さらにどちらか一方のもう片方への還元さえもまた可能である，と考えられてしまう余地がある。しかしデイヴィドソンはそうは考えない。信念・知識と言語的意味とは相互に参照され，同時決定される。これがデイヴィドソンのアイディアである。具体的にはそれは「寛容の原理 principle of charity」と呼ばれる公準に表れている。この言葉づかい自体はクワインと共有されているが，デイヴィドソンとクワインでは同じ用語に込めたニュアンスが異なる。『ことばと対象』のクワインが「根元的翻訳 radical translation」，つまりはある言語表現と別の言語表現の対応について語るのに対して，デイヴィドソンは「根元的解釈 radical interpretation」，つまり言語と信念，さらには信念と信念との対応について論じる。

「根元的翻訳」「根元的解釈」とは，未知の言語の発話者を前にしたとき，解釈者がどのようにしてその発話を解釈するか，という思考実験であり，クワインは「発話者の表明した発話（らしきもの）のなかに，発話者と解釈者が共有する状況についての肯定的描写が含まれている」可能性に賭けて，そうした状況の共有を手がかりに個別の発話の理解，さらにそれを積み上げて，その背後の未知の言語全体の理解への道を進んでいく，というシナリオを提示した。それに対してデイヴィドソンは，未知の発話者の断片的発話（らしきもの）を解釈するための戦略として，その発話の背後に話者の信念を見出そうとする。デイヴィドソンの解釈者は，未知の言語の話者もまた，少なくとも自分と同程度には合理的な存在であるはずで，だとすれば話者の信念体系もまた自分と同程度には合理的なはずだ——論理的に整合的で，現実世界を適切に認識しているはずだ，と想定する。それももちろん賭けであるが，この賭け以外には，未知の発話者の発話（らしきもの）を解釈するための有効な戦略はほとんど考えられない。これが「寛容の原理」である。発話を理解するためには，その発話の体系性を支えている，発話者の合理的主体性を想定してかからねばならない。デイヴィドソンのいう「全体論」とはつまりそういうことである。これは発話を信念に還元するということではない。そもそも信念自体は観察不能であって，想定するしか——それも個々の信念をというより，その具体的な細部は不明だが，全体としては秩序立っているであろう，信念体系を想定するしか——ない。

合理的主体の
意思決定理論

　この「寛容の原理」に導かれた意味と信念の全体論という構想を提示する際にデイヴィドソンは，そのインスピレーショ

ンの源泉として，ベイズ的意思決定論を引き合いに出す。それは不確実な世界を前にしての，合理的主体の意思決定理論である。

　いわゆる期待効用理論によれば，不確実な世界に直面する主体は，もしも合理的であるならば，起こりうる将来の可能性に対して，整合的な予想を形成することができる。ここで「合理的」というのは，たとえばただたんに「論理的に一貫した思考を行うことができる」という謂ではない。「論理的に思考したうえで，それをもとに自分の効用を最大化しようとする」という，経済学的な合理性がここでは問題となっている。期待効用理論の説くところでは，このような意味での合理性を備えた主体だけが，不確実な世界において，その世界のなかで起こりうる将来の可能性に対して，整合的な予想を組み立てる（数学的にいえば，起こりうる事象に対して，一貫した確率分布を割り当てられる）ことができる。

　これを哲学の言い回しに置き換えるならば，不確実な世界についての予想，それぞれの可能性に対する主観確率の割り当ては「信念」である。合理的主体は，起こりうる可能性に対して，こうなってほしい，こうであってほしくはない，という希望，願望，つまりは「欲求」もまた持っている。そして期待効用理論の説くところでは，信念と欲求とは相互依存的であり同時決定される。世界のなかの可能性に対してシステマティックな欲求を持っている者でなければ，その可能性についての予想を立てることはそもそもできない，というのである。

　この意思決定論が意味と信念の全体論と結合されて欲求，信念，意味の全体論——統一理論が展望される。デイヴィドソン自身の言葉に従えば「態度内全体論」のみならず「態度間全体論」もまた必要である，というわけである。

かくしてデイヴィドソンによれば，行為者の理解はたんなる観察と，そこからの法則性の帰納ではなく，相手に合理的主体性を先取り的に想定する（つまりそれは「寛容の原理」である）「解釈」である。デイヴィドソンによれば，相手をコミュニケーション可能な主体として理解しようとするならば，相手も自分と同質の合理的な主体と仮定しなければならない——つまりはその主体のうちに信念・欲求・意図等々の命題的態度の整合的な体系を想定しなければならない，というだけでもない。驚くまいことか，ある意味で話者，ないし行為者とその発話ないし行為の解釈者とは，合理性のみならず意味の体系，すなわち〈言語〉でさえも共有している，と想定せざるをえないのだ。

　他者の振る舞いを理解しようと思ったら，我々はその当の他者に対して，合理的主体性を想定せずにはいられない。ほかに我々にできることは何もない。ただしデイヴィドソンの議論の範囲では，そこでのコミュニケーションは，それぞれに自らの私的欲求の実現を目指す者同士が，互いの私的欲求の追求に際しての合理性を想定しつつ，互いの行為の意味を読み合う，というだけのこととしても理解しうる。

道徳性の次元へ

ジョゼフ・ヒースにならってそこから少しだけ進んで，道徳性の次元の導入を試みよう。デイヴィドソンがはっきりといったことは，合理的な主体のまさにその理性，主体性は，同じように合理的な主体たちとの間でのコミュニケーションの過程を通じてしか成り立ちえない，ということである。ここでの「成り立ちえない」という「べき」論にはもちろん，さしあたりは道徳的な意味合いはない。では，「現実はそのようなものとしてしかありえない」という必然性を

意味しているのだろうか？　ある意味では然り，ある意味では否，である。

　ある生き物たちが存在していて，それらの間に，ここまで論じてきたような意味でのコミュニケーションが成り立っているとすれば，そしてそのときにかぎり，これらの生き物たちはそれぞれに合理的な主体であり，それぞれに信念と欲求をもって行動し，互いを信念と欲求を持った存在と見なし，互いの間の信念のズレを調整するために客観的な現実，「真理」の概念を獲得している，といえる。そうではないとしたら，これらの生き物たちは合理的な主体たちではない，ということだ。

　ここから道徳的な意味での「べき」論に進むためには，どうしたらよいのか？　ヒースが試みているのは，「寛容の原理」のさらなる，少しばかり特殊な方向での拡張である。我々なりにパラフレーズすれば以下のようなものだ。すなわち，

●合理的な主体たちが合理的な主体のままであり続けるためには，それらの間でのコミュニケーション過程が存続しなければならないから，合理的な主体たちはただたんに自分たちの私的な欲求を追求するだけではなく，このコミュニケーション過程そのものの存続に貢献し続けなければならない。そのために何が必要か，はもちろん具体的な状況に応じて多様であるが，大まかにいえば，コミュニケーションに参加する主体の一人ひとりが，とはいわずとも，少なからぬ主体たちがコミュニケーションに参加することができるように互いにサポートする，あるいはそこまでいかなくとも，互いに邪魔をしない，というコミットメントが必要であろう。またこの主体たちが共有する状況，

生存環境それ自体の維持へのコミットメントもまた，あったほうがよいだろう。

と，こんなふうに論じていくことができる。これが「寛容の原理」のパラフレーズ，とはいえなくとも，きわめて似通った推論から導かれることは明らかだろう。

　他者を理解しようとするならば，相手に最低限の合理性を想定するだけではなく，相手にいわばコミュニケーションへのコミットメント，たとえば自分のことを理解させようという最低限の「善意」（ポール・グライスのいう「協調の原理」）を想定し，コミュニケーションの相手たる自分に少なくとも当面は危害を加えないだろうという信頼をある程度持つことなくしては，コミュニケーションを継続することができない，ということである。

　このように考えるならば，そして「パーソン」性を行為主体の合理性として解釈するならば，それは観察対象がある条件・特徴を満たしているかどうかというチェック基準というより，対象の振る舞いを理解するための仮説，公準とでもいうべきものになるだろう。そうなれば「パーソン」概念は，選別と排除の装置としてはたらく危険が皆無となるわけではないが，むしろそれよりは発見的装置としてはたらくことのほうが多いと期待できるのではないか。

倫理学に
「崇高」は要るのか？

　なお，先に見たような超越的な美的価値については，美学においては「崇高」という概念でもって論じられることが多いが，倫理学に「崇高」概念を持ち込むとしたらどのようなことになるだろうか？　我々はあくまでも世俗的な倫理学について考え

ているので，神については除外したとしても（虚構主義を真に受けるならば虚構的存在者としての「神」を無視することはできないが，それについては措く），きわめて徳の高い，卓越した達人の行い・振る舞い・佇（たたず）まいに対して「崇高な」という形容がなされる場合，そこにはある種の両義性がはらまれるだろう。それは普通の人間には容易に達しがたい境地であり，それゆえに（達しがたくはあるが不可能ではなく，完全に到達できないにしてもそこに近づくことは可能である，と考えるなら）模範，範例としてはたらくと同時に，（原理的にはともかく実践的にはやはり到達不可能である，と解釈されるなら）人間を拒絶する不可能性としても現れうる。レヴィナスの他者イメージにはそのような両義性がある。それは他者自身の両義性でもあるし，また他者に向かい合う我々に対して求められる理念の峻厳さでもある。あるいはそれは「神」とも重なるだろう（ヒラリー・パトナムは，レヴィナスやマルティン・ブーバーなどの何人かの20世紀ユダヤ思想家たちの神論にそのような発想を見ている）。

　我々自身は，倫理学に「崇高」概念を持ち込むに当たっては慎重であるべきではないか，と考える。第7回でも見たように，神，それも人格神という概念は，この崇高さの担い手をあくまでも人間的な存在，合理的な行為主体に回収するための仕掛けとして非常にうまくできているが，科学的実在論，自然主義にコミットする我々の考えるところでは，あくまでも虚構である（超知能がヴァーチャルな神となる可能性は否定しないとしても）。人格性を剥ぎ取られた神概念は，たとえばスピノザのそれと同じく，宇宙そのものの別名にほかならないので，道徳的な意味づけが困難となる。

　もちろん我々は道徳的虚構主義にそれなりの期待を持っているので，神概念を頭から否定することはしないし，それゆえに道徳

的崇高さの概念も無意味とは考えない。しかしながらそれは「パーソン」と同様，あるいはそれ以上に非常にデリケートで危険な，「取扱注意」の概念ではあることも，やはり第７回などで我々は見てきた。神の超越性は，我々人間が独善におちいることを戒めるものでありうると同時に，まさにそれを担ぐ独善へと人を誘惑する最悪の罠でもある。

　かといって我々は，単純に神概念を，その虚構としての意義をも含めてまったく否定する気にはなれないし，神概念を捨てれば我々は独善から自由になれるとも思わない。そもそも近代的な「人間」概念自体，ニーチェ的にいえば，ユダヤ＝キリスト教的な「神」概念の焼き直しにすぎないのだろう。

 **読書案内** ●●●

　哲学的自然主義や科学的実在論の影響のもとでの，現代倫理学と実証科学との相互乗り入れについては，実験心理学的アプローチ，脳神経科学的アプローチ，あるいは進化生物学的アプローチなど多方面からの研究が進められているが，本書ではまったく触れられなかった。翻訳書も含めていくつもの重要著作が刊行されているが，とりあえず信原幸弘・原塑編『脳神経倫理学の展望』（勁草書房，2008 年），スコット・ジェイムズ『進化倫理学入門』（名古屋大学出版会，2018年）を挙げておく。

　「人類が滅びたあとでも青い空は美しいか？」は普遍的な問いだが，安藤馨のメタ倫理学（ラディカルな自然主義的道徳的実在論）をめぐる大屋雄裕（根源的規約主義者）との対話（2014 年，大屋『自由か，さもなくば幸福か？』〔筑摩書房〕刊行記念イベント）から示唆を受けている。安藤・大屋『法哲学と法哲学の対話』（有斐閣，2017 年）も参照のこと。

　「摂氏百度に熱した水」云々の例は，飯田隆『言語哲学大全Ⅲ　意

味と様相（下）』（勁草書房，1995 年）より借用した。

　「歌わぬ詩人問題」については永井『〈魂〉に対する態度』，稲葉『モダンのクールダウン』をも参照していただきたい。

　ポストモダンの時代診断については，ジャン＝フランソワ・リオタール『ポスト・モダンの条件』（水声社，1989 年），フランシス・フクヤマ『歴史の終わり』（三笠書房，2005 年初版，2020 年新版），アレクサンドル・コジェーヴ『ヘーゲル読解入門──「精神現象学を読む」』（国文社，1987 年），東浩紀『動物化するポストモダン──オタクから見た日本社会』（講談社現代新書，2001 年），前出の稲葉『モダンのクールダウン』あたりを参照されたい。

　レヴィナスの主著には複数の翻訳がある。エマニュエル・レヴィナス『全体性と無限』（岩波文庫，講談社学術文庫ほか）は難解だが，比較的接しやすい短文を収録した『レヴィナス・コレクション』（ちくま学芸文庫，1999 年）がある。

　レヴィナスの入門書・解説書はこれまたたくさんあるが，異色なものとしてはフッサール，ハイデガーらの「現象学」の系譜に立つレヴィナスとは一見対極の，論理・言語哲学，科学哲学の領域で 20 世紀アメリカ哲学をリードしてきたパトナムが晩年に 20 世紀ユダヤ思想について論じた，ヒラリー・パトナム『導きとしてのユダヤ哲学──ローゼンツヴァイク，ブーバー，レヴィナス，ウィトゲンシュタイン』（法政大学出版局，2013 年）のレヴィナスの章が，とくに門外漢を意識していてわかりやすい（パトナム自身もユダヤ教徒である）。

　レムの SF 作品では，スタニスワフ・レム『ソラリス』（ハヤカワ文庫ほか），『虚数』（国書刊行会，1998 年），『大失敗』（国書刊行会，2007 年）を薦めたい。

　デイヴィドソン＝ヒース的道徳的実在論については再掲となるが，デイヴィドソン『合理性の諸問題』，ヒース『ルールに従う』，稲葉振一郎『宇宙倫理学入門』『社会学入門・中級編』のほか，ウィラード・V. O. クワイン『ことばと対象』（勁草書房，1984 年），『真理を追って』（産業図書，1999 年），ポール・グライス『論理と会話』（勁草書房，1998 年）も背景として重要である。グライスについては柏

端達也『コミュニケーションの哲学入門』（慶應義塾大学出版会，2016 年）がわかりやすい。

　人間中心主義の不可避性や超越的価値の問題については，前掲のクレプス『自然倫理学』を参考にした。

　一言でいえば（みなさんと同じように）運が悪かったのだ。

　現任校に転職して以来，「社会倫理学」という科目を中心に教えることになっていたが，本学には哲学科が存在せず，全学教養科目（カリキュラム改革以来そういう名称ではなくなっているが）で倫理学を担当していた信頼できる他学部の同僚も他大学へ去り，かつ古い教養課程自体がなくなっているので教養科目での倫理学の履修を学生に義務化できない，という状況のもと，しかも社会学科の専門科目として（頭に「社会」とついてはいるが）倫理学を教えるという場合，いったい何を教えたらよいのか，というのはまじめに考えれば悩みどころだったが，若くて未熟だったこともあり，周りからも別に何をどうしろともいわれなかったので，行きあたりばったり，思いつきを垂れ流す年月だった。気がつけば『社会学入門』などをうっかり書いてしまったせいか，「社会学史」も任される羽目になり，そのほか初年次教育や大学院基礎教育などで，社会学プロパーの教育についても考えなければならないことが多く，「倫理学の基礎知識」を学生に伝授する授業の設計にまで気を回す余裕はなかった。だから「社会倫理学」と姉妹科目での「公共政策論」では，その時々の個人的興味に応じて，政治哲学を講じたり，応用倫理学のなかでもおよそ特殊な人工知能と宇宙について話したり，と気ままにやっていた。

　そんななか，若手が書いたいくつかの意欲的な教科書や入門書を見るうちふと魔が差して，「どれ，来年度は自分の勉強も兼ねて，ひとつまじめにスタンダードな倫理学入門でもやってみよ

う」と思って新しいシラバスを書いたのが2019年度の後半のこと。規範倫理学・メタ倫理学・応用倫理学を目配りよくまとめたスマートな講義を組み立ててやろう，と考えた。

　あとはみなさまもご存知のとおり。年を越してからあれよあれよという間にコロナ禍が広がり，勤務先でも20年度前期は全面オンライン授業と相成った。つまりまったく新しい講義設計の負担と，これまでやったことのない，ウェブを通じての遠隔授業の負担とが，一度に襲いかかってきたのである。

　当初は中村隆文氏のスマートな教科書を必携文献に指定して，毎回それを予習してもらったうえで講義する，という腹づもりだったが，登校制限がかかって，いつもどおりに大学生協店頭で購入してもらうことができない。ならばネット書店で購入してもらおう，とも思ったが，流通の混乱で，類書も含めてのきなみ品切れとなった。さらに調べてみると，当方のニーズに合う教科書・入門書にはそもそも電子書籍版が存在しない，ということも明らかとなった。となれば，毎回自力でスライドを作り，それを使って講義ビデオを自撮りするしかなかった。

　本書はそうやって，2020年度前半，コロナ禍のなか，悪戦苦闘してでっちあげた講義スライドをもとに，急遽書き下ろしたものである。「そんなに慌ててどうする」といわれそうだが，執筆時点では電子書籍で利用可能で，かつ規範倫理学・応用倫理学・メタ倫理学・道徳思想史全般をカバーする教科書がほとんど存在しなかったので，新型コロナの動向も不透明な21年度の新学期までには，紙の本と電子書籍の両方が利用可能なように間に合わせたい，というのが正直なところであった。もちろん急いで書き上げたので，バランスが大変よろしくない。目配り，というより

射程はそこそこ広いのではないかとうぬぼれているが，私の偏った知識や関心に過度に引きずられているのではないかと危ぶんでいる。とりわけ現代形而上学の社会存在論への入れ込みは，付け焼き刃もさることながら，倫理学的な含意の検討はまだ専門家の間でも手探りの状態のようで，スタンダードな倫理学者からはお叱りを受けるのではないかと危惧している。

　編集作業は『社会学入門・中級編』に引き続き，有斐閣の四竈佑介さんにお願いした。田上孝一氏には早い段階での草稿をご覧いただき，厳しいご指導と激励を賜った。記して感謝する。パンデミックのなか，苦労をともにした家族，同僚各位と，不便を我慢しつつオンライン授業についてきてくれた学生諸君にも感謝する。

＊本書は 2019・2020 年度明治学院大学社会学部付属研究所一般プロジェクト「宇宙倫理学の基礎的研究」（研究代表者：稲葉振一郎）の助成を受けた研究成果の一部である。

　2021 年初春

稲葉振一郎

事項索引

人名索引

● 著者紹介

稲葉振一郎（いなば　しんいちろう）

明治学院大学社会学部教授。

1963 年生。一橋大学社会学部卒業，東京大学大学院経済学研究科第 2 種博士課程単位取得退学。岡山大学経済学部講師，助教授，明治学院大学社会学部助教授を経て，現職。

著書に『ナウシカ解読』窓社，1996 年（増補版は勁草書房，2019 年）。『リベラリズムの存在証明』紀伊國屋書店，1999 年。『経済学という教養』東洋経済新報社，2004 年（増補版はちくま文庫，2008 年）。『「資本」論』ちくま新書，2005 年。『モダンのクールダウン』NTT 出版，2006 年。『「公共性」論』NTT 出版，2008 年。『社会学入門』NHK ブックス，2009 年。『不平等との闘い』文春新書，2016 年。『宇宙倫理学入門』ナカニシヤ出版，2016 年。『政治の理論』中公叢書，2017 年。『「新自由主義」の妖怪』亜紀書房，2018 年。『社会学はどこから来てどこへ行くのか』（共著）有斐閣，2018 年。『社会学入門・中級編』有斐閣，2019 年。『AI 時代の労働の哲学』講談社選書メチエ，2019 年。『銀河帝国は必要か？』ちくまプリマー新書，2019 年など。

しゃかいりん り がくこう ぎ
社会倫理学講義
Lectures on Ethics in Contemporary Society

ARMA
有斐閣アルマ

2021 年 3 月 25 日　初版第 1 刷発行

著　者　稲葉振一郎
発行者　江草貞治
発行所　株式会社有斐閣
　　　　郵便番号　101-0051
　　　　東京都千代田区神田神保町 2-17
　　　　電話　(03)3264-1315〔編集〕
　　　　　　　(03)3265-6811〔営業〕
　　　　http://www.yuhikaku.co.jp/

印刷・株式会社理想社／製本・牧製本印刷株式会社

ISBN 978-4-641-22174-1